Ciertos libros ejemplifican una época y rehacen la historia para sus lectores; en esa condición de plenitud arquetípica son bastante más que meros textos, por mucho que ellos de por sí constituyan, asimismo, testimonio de valor trascendente.

La forma que esos libros tuvieron, su aspecto físico, es, en ese punto, un dato no menor; por el contrario se trata de un elemento esencial para saber cómo llegaron a la comunidad que luego habría de verse reflejada en ellos, cómo presentaron ante la consideración de los contemporáneos su designio –impreciso pero real si se piensa en lo que determinaría el dictamen de los años– de ocupar el lugar que el destino les tenía reservado.

Tal es el sentido profundo de las ediciones facsimilares; por supuesto ellas atienden también al fervor de los coleccionistas y al interés y a las necesidades de los eruditos, preocupados por compulsar detalles, precisar grafías originarias, o ilustres, y de comparar textos primigenios con ulteriores modificaciones. Todo ello es, naturalmente, muy importante pero no hay que creer que agote la virtualidad de ese tipo de reediciones.

Al lector corriente que busca en los testimonios del pasado ajustar y perfeccionar su visión de la historia y lograr ver con mirada más inteligente los acontecimientos que le toca presenciar, esas versiones facsimilares le mostrarán, ante todo, el espíritu de una época, sus ambiciones, sus limitaciones y su estilo.

Poder acercar en esas condiciones algunos de esos textos a quienes aman o se desvelan por el pasado argentino, es la razón fundamental que ha llevado a la Editorial Confluencia a formar esta colección de reproducciones facsimilares, con la intención de ofrecer una significativa contribución al conocimiento de los trabajos y de la estética de nuestros mayores.

Los editores

Ramón Lista nació en Buenos Aires el 13 de septiembre de 1856 y murió asesinado en el Chaco Salteño el 23 de noviembre de 1897. Fue explorador civil con cargo de oficial mayor de la Armada, geógrafo, docente, naturalista, etnógrafo y el funcionario público a quien le cupo buena parte de la organización administrativa de lo que actualmente es la provincia de Santa Cruz, en la que se desempeñó como gobernador entre 1887 y 1892.

Durante veinte años recorrió prácticamente todo el territorio patagónico y fue jefe de la expedición que por primera vez en la Historia exploró la costa oriental de la Tierra del Fuego, entre el Cabo San Sebastián y Bahía Thetis (1886).

Integró una decena de academias e institutos científicos, argentinos y extranjeros; fundó la Sociedad Geográfica Argentina (1881) y ha dejado escritos cuarenta y un trabajos pluridisciplinarios sobre sus interminables viajes, entre otros: *Viaje al País de los Tehuelches* (1879), *Mis Exploraciones y Descubrimientos en la Patagonia* (1880), *El Territorio de las Misiones* (1883), *Viaje al País de los Onas* (1887) y *Los indios tehuelches, una raza que desaparece* (1894).

Ramón Lista

LA PATAGONIA AUSTRAL
(Complemento del "Viaje al país de los Tehuelches")

La presente edición facsimilar consta
de una tirada de mil quinientos
ejemplares numerados del 0001 al 1500
y cincuenta fuera de comercialización.

El original de la misma ha sido cedido
por el Museo Mitre para ser reproducido
mediante digitalización de imágenes.

Coordinación gráfica: *Mauricio Calvelo*

Derechos exclusivos de edición en castellano para todo el mundo
© Editorial
CONFLUENCIA

Tte. Gral. J. D. Perón 1669, 4° "74" - (1037) Capital
e-mail:confluencia@arnet.com.ar

Primera Edición: Septiembre 1999
ISBN 987-9362-04-7
Hecho el depósito que prevé la Ley 11.723
Impreso en la Argentina / Printed in Argentina

Reservados todos los derechos. Queda rigurosamente prohibida sin la autorización escrita de los titulares del "Copyright",
bajo las sanciones establecidas en las leyes, la reproducción total o parcial de esta obra por cualquier medio o
procedimiento, incluidos la reprografía y el tratamiento informático.

AGRADECIMIENTOS

Editorial Confluencia agradece al Director del Museo Mitre, Dr. Jorge Carlos Mitre, su indispensable colaboración para que el original de este libro haya podido ser reproducido y editado.

Asimismo, pone de relieve la buena disposición y eficiencia adoptada por los empleados del museo para facilitar nuestra tarea. Gracias a: Rodolfo Giunta, vicedirector de la casa; Cristina González Bordón, responsable del Area Histórica; María Ximena Iglesias, a cargo del Archivo Histórico; María Elena Piana, a cargo de la Biblioteca; Elizabeth D´Amico, a cargo de la documentación bibliotecológica; Liliana Vallejo, atención en Sala de Lectura y a Roxana Di Leva, secretaria de Dirección.

Enrique Alejandro Mussel, Washington Luis Pereyra y José Luis Muñoz Azpiri (h) han aportado su erudición y buenos consejos para concretar este trabajo.

Ramón Lista

LA PATAGONIA AUSTRAL

(Complemento del "Viaje al país de los Tehuelches")

⁂

Edición facsimilar número:

LA PATAGONIA AUSTRAL

(Complemento del "Viaje al pais de los Tehuelches")

POR

RAMON LISTA

MIEMBRO DE VARIAS SOCIEDADES CIENTÍFICAS NACIONALES Y ESTRANJERAS

BUENOS AIRES

PUNTOS DE VENTA: IMPRENTA
LIBRERIA EUROPEA, DE JOLY, REÑÉ,   DE "LA TRIBUNA"
MENDESKY, ETC.   VICTORIA N. 37.

1879

A LOS MIEMBROS DE LA SOCIEDAD CIENTIFICA ARGENTINA

AL DR. D. GERMAN BURMEISTER

A MIS AMIGOS OLEGARIO V. ANDRADE Y ESTANISLAO S. ZEBALLOS

Dedico este pequeño trabajo, en testimonio de pública agradecimiento por la noble acojida que mis proyectos de viajes encontraron siempre en ellos.

Ramon Lista.

PRÓLOGO

Este libro sirve de complemento ó continuacion al titulado *Viaje al pais de los Tehuelches*, que como breve relacion de mis esploraciones en las regiones australes de la Patagonia, presenté al ilustrado público en el pasado mes de Marzo.

En este segundo trabajo he condensado mis estudios y observaciones capitales sobre aquellas tierras, sus habitantes actuales y pretéritos; no habiendo podido tratar tan interesantes cuestiones con la minuciosidad que se merecen, por tener que dedicar una gran parte del tiempo á la preparacion de un libro que me ha sido encomendado por el Exmo. Gobierno de la Nacion.

Mas adelante, y á manera que mis escasos recursos lo permitan, publicaré una obra estensa que llevará por título "Descripcion Geográfica de la República Argentina", y en la cual me ocuparé con preferencia de los territorios salvajes de la Patagonia.

Inmediatamente despues de terminada dicha descripcion, daré á luz un estudio geológico de la Patagonia Meridional.

Hojee ahora el lector lo que he escrito sin pretenciones de ningun género, pero alentado con la esperanza de ser útil á mi pais, llamando la atencion de los gobiernos sobre tan dilatados territorios, cuya importancia ha dejado ya de ser un problema.

Rica en carbon, en metales y en hermosos campos pastosos, pero pobre en tierra vegetal, la Patagonia es el país de los mineros y de los pastores.

Diciembre 30 de 1879.

CAPITULO I

DIVISION GEOGRÁFICA DEL PAIS PATAGÓNICO—VIAJES Y ESPLORRCIONES EN LA PATAGONIA AUSTRAL

La República Argentina posee, al Sur de los 40° de latitud, una estension territorial muy considerable, cuyos límites son: al Norte el Rio Negro; al Sur el estrecho de Magallanes; al Oeste la Cordillera de los Andes, y al Este el Océano Atlántico.

Este inmenso pais, cuya superficie es, segun la mensura planométrica del Instituto de Perthes, de 17,700 leguas cuadradas, se divide comunmente en tres partes ó zonas llamadas: Setentrional, Central y Austral. La Patagonia Setentrional se estiende desde el Rio Negro hasta el Senguel, donde principia la Patagonia Central, cuyo límite al Sud es el Rio Deseado. La Patagonia Austral está comprendida entre este último rio y el estrecho de Magallanes.

Algunos geógrafos sub-dividen la Patagonia en territorios, cuyas designaciones no es posible aceptar en manera alguna.

El señor Tourmente, ingeniero, y autor de un mapa de la República, llama *Territorio del Chubut* á la comarca situada entre el Rio Negro y el Rio Chubut ó *Chupat, y Territorio de Patagonia* al resto del pais hasta el Estrecho.

Fuera de la lamentable confusion que resulta de tales designaciones, creo que ellas no responden á ningun propósito.

Paréceme mas razonable que se supriman todas esas sub-divisiones territoriales, que solo sirven para aumentar las dificultades de los estudios geográficos.

Tocante á los viajes y esploraciones de que ha sido teatro la Patagonia Austral, seré muy breve en esta ocasion, pero daré una noticia mas completa en la *Descripcion Geográfica de la República Argentina*.

Debemos los primeros descubrimientos al célebre portugués Magallanes, quien como se sabe fué el primer hombre civilizado que abordó la costa patagónica, visitando durante el curso de su famoso viaje el Puerto de San Julian, donde segun Pigafetta, su cronista, vieron hombres gigantescos á quienes llamaron *Patagones*, por llevar envueltos los piés en pieles de animales salvajes, que les daban dimensiones enormes.

Uno de los oficiales de la espedicion, llamado Juan Rodriguez Serrano, fué el descubridor del

Rio Santa Cruz, en cuya bahia tuvo la desgracia de perder la nave que mandaba.

Durante el siglo XVI, la Patagonia Austral fué visitada por Drake, Cavendish, Olivero ú Oliveiro de Noort y Sarmiento de Gamboa, y posteriormente, en el siglo XVII, por Jorge Barne (1), Byron y Viedma que practicaron en ella importantes reconocimientos, haciendo tambien curiosas observaciones sobre sus habitantes. Este último, fundador de la colonia "Florida Blanca" en San Julian, hizo el primer viaje de importancia al interior del pais, saliendo de dicho puerto, cruzando el Rio Chico y otra corriente de agua mas pequeña, que los indios le dijeron llamarse *Chalia*, y que yo opino fuese el pequeño rio que deriva su nombre del de un antiguo paradero de los Tehuelches, llamado "Shehuen." Pero el resultado mas notable de ese viaje fué el descubrimiento de un hermoso lago al pié de la gran Cordillera, que ha inmortalizado el nombre del ilustre español. Es el *Lago Viedma ó Capar*, el mas importante de los que forman el Rio Santa Cruz.

En el presente siglo hánse efectuado muchos otros viajes, cuyos resultados interesan vivamente al geógrafo y al sábio.

La Patagonia Austral no es ya una region casi completamente inesplorada. Viajeros de distintas nacionalidades han recorrido sus áridas mesetas y esplorado sus rios, descubriendo lagos y volcanes, estudiando á las inquietas tribus que la habitan

---

(1) Piloto del bergantin *San Martin*, que hizo dos viajes al Puerto de San Julian.

En 1833, los oficiales del *Beagle* remontaron el Rio Santa Cruz en una estension de 140 millas, no pudiendo continuar el reconocimiento por la falta de víveres, que los puso en la dura necesidad de regresar al punto de partida, despues de 21 dias de lucha incesante contra el viento y la corriente.

Los resultados de tan árdua esploracion son verdaderamente notables, y el viajero que visita aquella parte de Patagonia, no puede menos que esperimentar un doble sentimiento de admiracion y respeto ante el recuerdo del ilustre almirante Fitz Roy, que con tanto acierto supo dirijir la espedicion mas científica que se ha llevado á cabo en las tierras australes de la República.

Despues de Fitz Roy, nadie pensó en esploraciones, hasta 1867 que D. Luis Piedra Buena, distinguido marino argentino, organizó en Santa Cruz una pequeña espedicion con el fin de esplorar ese rio, encargando de su mando á un inglés llamado Mac-Dugall, quien poco despues de haberse puesto en marcha la espedicion, regresó á la isla Pavon, sustituyéndole en el mando Mr. H. G. Gardiner, que tuvo la gloria de descubrir un hermoso lago, que nueve años despues bautizó el Sr. Moreno con el nombre de "Lago Argentino."

La relacion oficial de este viaje existe en los archivos del Gobierno Nacional, y recientemente fué publicada en el *Boletin del Instituto Geográfico Argentino* (1).

---

(1) Diario de la esploracion del Rio Santa Cruz en 1867, por H. G. Gardiner. (Boletin, etc. tom. I, cuaderno I, 1879).

De 1869 á 1870, el capitan Musters cruzó la Patagonia de un estremo á otro, de Punta Arenas al Cármen de Patagones, con lo cual alcanzó fama merecida, colocándose al lado de los primeros esploradores modernos.

En compañia del Cacique Casimiro y de su tribu, esploró Musters, comarcas hasta entónces desconocidas, recogiendo preciosos datos para la geografía de nuestras tierras australes. El descubrió los nacientes del rio Senguel tributario del Chubut, que al aproximarse al punto de confluencia se espande en grandes lagos situados bajo una misma latitud.

El mas occidental ha sido visitado por Mr. Durnford, y como su descubridor no le ha dado nombre ninguno, que sepamos, creo que es justicia llamarle "Lago Musters" en honor del intrépido viajero inglés.

El otro lago fué descubierto por Mr. Thomas, colono del Chubut, que lo ha bautizado con el nombre de "Lago Dillon".

Otro descubrimiento importante que se debe á Musters, es el de un paso en la Cordillera, á la altura de Teckel.

El mismo esplorador ha hecho importantes estudios sobre las costumbres de los Tehuelches.

Despues de Musters, otro viajero inglés Mr. Ellis, y dos argentinos el Sr. Moreno y Cárlos M. Moyano, han recorrido una gran parte de la Patagonia Austral. Mr. Ellis, hombre emprendedor, que habia visitado el Japon y la India, llegó en

1877 al Lago Argentino, al mismo tiempo que nuestros esploradores.

Desde aquel paraje Mr. Ellis regresó á Punta Arenas, y los señores Moreno y Moyano continuaron sus esploraciones, descubriendo algunas millas al Norte un receptáculo de agua, de poca consideracion, que llamaron lago "San Martin" en honor del ilustre general libertador de tres repúblicas.

Ese lago parece comunicar por un canal con otro mayor situado mas al Oeste, que me he permitido nombrar "Lago Misterioso," y que cree el señor Moreno, comunique á su vez con el "Viedma", el mas grande de todos, situado entre aquel y el "Argentino".

Tales son, en resúmen, los principales descubrimientos geográficos de los señores Moreno y Moyano.

Pasemos ya al teniente de la marina chilena D. Tomás Rogers, que en compañia del señor Contreras y el naturalista Ibar, esploró en el mismo año la region andina entre los 70° 50' y 72° 20' de longitud O. de Greenwich, de Skyring Water á las fuentes del Rio Santa Cruz.

Este jóven marino ha hecho importantes observaciones sobre el sistema hidrográfico de aquellas comarcas, determinando la verdadera situacion geográfica de la "Laguna Blanca," y las nacientes del rio Gallegos.

El señor Rogers llegó en sus esploraciones hasta el Lago Argentino donde levantó un croquis muy recomendable que nos dá una idea aproximada del sistema lacustre y de los caracteres orográficos de aquella region.

Los resultados generales del viage del señor Rogers, están consignados en un folleto impreso en Santiago de Chile, que lleva por título: *Estudios sobre las Aguas de Shyring y la parte austral de Patagonia*.

Tambien en 1877 los Sres. Deville Massot, Bonafé, Gouttes y Beerbohm, hicieron algunos reconocimientos en Puerto San Julian y sus inmediaciones.

El Sr. D. Julio Beerbhom, ha publicado en Lóndres, hace poco tiempo, un libro de 278 páginas titulado: *Wanderings in Patagonia*, en el que este autor dá algunas noticias sobre los estudios practicados por el Sr. Deville en San Julian. Describe al mismo tiempo la naturaleza de los territorios visitados; pero á la manera que lo hace un *touriste*.

En general, la obra carece de importancia y ha sido escrita para producir efecto en aquellos lectores amantes de las obras que revisten cierto carácter novelesco.

El Sr. D. Enrique Gouttes, es el que mas observaciones ha hecho y mejores datos nos dá sobre San Julian, por cuyo motivo solo me referiré á él al ocuparme de ese puerto.

El Sr. D. Luis Jones, inteligente colono del Chubut, hizo en Enero de 1879 un prolijo reconocimiento del Puerto Deseado, Santa Cruz y Rio Chico.

He aquí la manera como se espresa al hablar del último punto:

"*Rio Chico*.—Habiendo sido recorrido en toda su estension por tan esperimentado esplorador como el Sr. Lista, la naturaleza y estension de sus terrenos serán perfetamente demostrados por él. De las personas que le acompañaron obtuve suficientes informes, que suplirán mi inspeccion.

Esceptuando una llanura de 2 á 3 leguas y á corta distancia de la boca, apenas hay uno que otro valle de aluvion en toda la estension. A las 30 ó 35 millas de allí principia un valle bajo, de buen aluvion (parecido al del Chubut, pero en escala menor en cuanto á su ancho), así segun datos continúa hasta las cordilleras. El rio y sus zanjas interceptan este valle en todas direcciones. Entre los altos llanos en ambos lados del rio, hay una estension de 5 millas mas ó menos de terreno bajo ó valles aparentes, pero el terreno de estos es de las mismas condiciones del que rodea las tierras altas, cascajoso y ondulado, á unos 20 ó 30 piés sobre el nivel del rio" (1).

(1) Memoria del Comisario General de Inmigracion, 1879.

CAPITULO II

ASPECTO GENERAL DE LAS TIERRAS AUSTRALES DE PATAGONIA—SISTEMA HIDROGRÁFICO—OROGRAFÍA

Se ha creido, y no faltan por desgracia espíritus rebeldes que crean aun, que los territorios que tan sin razon nos disputa Chile, son los mas estériles é improductivos del mundo. Error lamentable, que los enemigos de nuestra grandeza, ó los que por mera preocupacion, miran con desden aquellas tierras, se atreven á sostener en el dia. Si bien es cierto que los costas patagónicas, son generalmente estériles, el interior del pais es ménos inhospitalario, encontrando el viajero al acercarse á las Cordilleras, una naturaleza distinta que recuerda muchas veces el Trópico.

En los parajes cercanos á los Andes, abundan las manadas de caballos salvajes, ciervos, y guanacos que se multiplican rápidamente, proporcionando alimento y vestido á las tribus Tehuelches que cruzan aquellas soledades.

La pre-cordillera Oriental, formada por altos mamelones de formacion mas antigua que la cadena principal, punto del *divortia aquarum*, encierra riquezas minerales de mucho valor.

Hay allí cobre, hierro, y espesos mantos de carbon, y al lado de esto, maderas de construccion que tendrán una fácil salida por el Rio Santa Cruz, cuya navegabilidad es una promesa de futura grandeza para aquella region tan fecunda, cuyo dominio nos pertenece histórica y geográficamente.

Los valles que bajan de las Cordilleras ó de las sierras centrales, son por lo general fértiles y poco accidentados.

En Puerto Deseado hay algunos cañadones cultivables, donde se ven con sorpresa numerosos guindos y membrillos plantados por D. Francisco de Viedma en el siglo pasado.

El Rio Deseado, aunque simple arroyo, puede utilizarse ventajosamente el dia que nuestros gobiernos se resuelvan á poblar sus márgenes, donde segun un químico francés que las ha visitado, hay juncos de la altura de un caballo.

En San Julian hay tambien algunos parajes que se prestarian para la cria de ganados, pero de ninguna manera para la agricultura, pues el terreno es en estremo seco y salitroso.

En el valle escalonado de Santa Cruz la vegetacion es bastante pobre, aunque hay algunos lugares, inmediatos á la isla Pavon, donde la tierra hace gala de fecundidad.

Pero; los mejores campos, considerados del doble punto de vista agrícolo y ganadero, están á no dudarlo en el fertilísimo valle del Rio Chico. Hay en él parages inmejorables como *Korpenaiken* y es allí á donde el Gobierno debe mandar hacienda vacuna y lanar, destinadas á proveer de carne fresca á los buques de guerra estacionados en la bahia de Santa Cruz.

Hay otros valles al Sur, como los de Coy-Ynlet y Gallegos, que solo esperan la mano que guie el arado en pos del cual vendrá la riqueza y el bienestar.

Mas al Sur, hay campos excelentes regados por algunos arroyuelos permanentes, y en llegando al Estrecho, nos encontramos con una pequeña llanura que baña en parte el Rio de las Minas, cuyo lecho está formado de cascajo estratificado aurífero. En esa llanura pacen los animales que alimentan á la colonia chilena de Punta Arenas, que está situada sobre la falda de una colina cubierta de robles americanos, que con los mantos de carbon fósil constituyen las principales riquezas de la península de Brunswick, que dado el caso de un arreglo equitativo podemos ceder á Chile, manteniendo nosotros jurisdiccion hasta Punta Perno, en la Bahia Peeket.

Esto es lo que conviene á nuestros intereses, pues renunciar al dominio en las costas del Estrecho es comprometer el porvenir marítimo de la República.

Entro ahora en otro órden de consideraciones que completan la descripcion sucinta que acabo de hacer.

El sistema hidrográfico patagónico es muy interesante, siendo digna de particular estudio la rara uniformidad en las formas generales de los rios. Aquellos situados al Sur de los 47° presentan, con poca diferencia, la misma disposicion orográfica de sus márgenes, la misma forma caprichosa de sus líneas sinuosas y hasta la misma temperatura.

Todos los grandes rios australes nacen al pié de los Andes, corren de Oeste á Este y están sujetos á crecientes periódicas que muchas veces inundan sus valles en estensiones considerables.

En el curso inferior del Gallegos he visto grandes troncos de robles, arrastrados por las aguas desbordadas y depositados á mas de 500 metros de sus orillas.

Tambien en Rio Chico, cerca de *Ay-aiken*, he notado señales de grandes inundaciones, y el mismo rio en *Korpen-aiken*, creció 9 piés en la noche del 30 de Setiembre al 1° de Octubre de 1878, sumergiendo los terrenos mas bajos.

Uno de estos rios se forma en grandes lagos situados al pié de las Cordilleras, y si hemos de dar crédito à los informes de los indios, el Deseado sale de un estenso lago al poniente de *Topel-aiken*, por los 47° 20' de latitud Sur, que supongo será el famoso *Coluguape* que figura en las antiguas cartas geográficas.

El Rio Santa Cruz sale del lago "Argentino" que con el "Viedma" el "San Martin" y el "Misterioso" forman el sistema lacustre mas importante de Patagonia.

Estos lagos se alimentan de veneros subterráneos y ruidosos torrentes originados por los deshielos en las Cordilleras.

El Rio Santa Cruz ocupa el segundo término entre los rios patagónicos, siguiéndole en importancia el Rio Chico, cuya cuenca es bastante considerable, pues concurren á su formacion arterias importantes como el Rio Belgrano y el Shehuen, que riegan las tierras mas feraces de la parte austral de Patagonia.

El Rio Gallegos es tambien muy digno de mencion pues posee un rico caudal de agua. Lo forman algunos arroyos que bajan de los Andes y que se reunen por los 51° 52' de latitud y 72° de longitud. Recibe, ademas, en su trayecto, algunos riachos tributarios, de los cuales el mas caudaloso entra en él cerca de su desembocadura, segun datos que recibí de los indios en mi último viaje.

Los "pampistas" ó comerciantes de Punta Arenas que frecuentan aquellas regiones, aseguran lo mismo y denomínanle "Rio de la Escoria", cuyo nombre deriva segun mis propias observaciones de la abundancia de lava en su álveo y orillas.

Tócale á ahora su turno al pequeño rio Coy-

Inlet ó Coilé que se forma al pié de la Cordillera de los Baguales, así denominada por los "vaqueros" de Punta Arenas, que aseguran haber visto en sus faldas gran número de caballos salvajes ó "baguales".

El Coy-Inlet recibe como el Gallegos algunos arroyos que le tributan sus aguas á 15 ó 20 millas al Oeste de *Uaien-aiken*. Está limitado por altas barrancas que se estrechan gradualmente avanzando hacia el Atlántico.

En cuanto á las demás corrientes de agua conocidas, de la Patagonia Austral, ninguna merece citarse á no ser el arroyo llamado pomposamente "Rio Dinamarquero", que se alimenta en la Laguna Blanca, hermoso estanque limitado al Este por una cadena de pequeñas colinas donde se ven vestigios numerosos del período glacial por que han pasado aquellas regiones.

Ya con estos lijeros apuntamientos sobre la hidrografia de nuestros codiciados territorios, echemos una rápida ojeada sobre la orografia de los mismos.

El país de los Tehuelches está formado por grandes mesetas dispuestas en forma de gradas gigantescas que se pueden contar fácilmente desde los altos cerros del Rio Gallegos, que como el llamado "Los Frailes," se levantan en la proximidad de la costa del Atlántico.

Estas mesetas principian en los 40° de latitud Sur y se prolongan hasta el Estrecho de Magallanes, conservando á distancias considerables la misma altura, lo que demuestra claramente que el levantamiento fué el mismo de un estremo á otro de la Patagonia.

La meseta mas baja que forma, por decirlo así, el primer escalon de les Andes, se encuentra en Santa Cruz á 90 piés sobre el nivel del mar, y la mas alta, en Ay-aiken, á 2,500 piés.

Las regiones montañosas de la Patagonia Austral, pertenecen á dos sistemas distintos: primero el sistema andino que comprende la Cordillera principal y el ramal que sale del "Seno de la Ultima Esperanza", en los 72° 40' de longitud y los 51° 35' de latitud, que supongo será la continuacion de la cadena volcánica del Rio Gallegos, sobre la cual he dado algunas noticias en mi obra *Viaje al país de los Tehuelches*; y, segundo, la pre-cordillera Oriental y las colinas con fósiles terciarios del interior y litoral del país, de formacion mas antigua.

La pre-cordillera mencionada la constituyen altos mamelones donde dominan las rocas sedimentarias y algunas mas modernas de origen ígneo, que ocupan con los basaltos una zona muy considerable.

Hasta el grado 48, la Cordillera de los Andes corre Norte-Sud, pero hácia la latitud del volcan "Chalten", inclínase casi imperceptiblemente al Sud-este hasta el Seno de la Ultima Esperanza donde termina, pues las demas montañas que se prolongan en esa direccion hasta "Monte Darwin", son por sus caracteres petrográficos la continua cion de la pre-cordillera Occidental ó marítima.

En cuanto á los contra-fuertes andinos que se prolongan al Este, ademas de la cadena de Gallegos hay otro á pocas millas al Norte de "Punta Sombria", que se avanza hasta les 72° 35' de longitud, poco mas ó ménos, sin depresiones y formando un ángulo recto con el eje de América.

COLONIA "PUNTA ARENAS" (Vista de la calle principal, tomada de una fotografía)

CAPITULO III

PUNTA ARENAS—DEPÓSITOS AURÍFEROS—LOS BOSQUES ANTÁRTICOS

La colonia chilena de Punta Arenas está situada sobre la falda de una colina terciaria suavemente inclinada hácia el mar. La forman unas 300 casas de madera, poco mas ó ménos, dispuestas en anchas y rectas calles de que dá una idea bastante exacta la vista adjunta.

Su fisonomia es risueña en el verano y templada su temperatura; pero en Julio y Agosto, que cubre sus calles un espeso manto de nieve congelada, que oculta y paraliza la vida vegetal, el pecho se oprime dolorosamente y sin quererlo se abandona el viajero al recuerdo de la tierra natal, donde la yerba, la pobre yerba que engalana los campos, no está condenada á vivir bajo la lápida de hielo de las tierras australes.

Los habitantes de Punta Arenas son miembros de distintas nacionalidades, encontrándose en pequeña mayoria los chilenos que se dedican con preferencia al pastoreo y lucrativo comercio de pieles de guanacos y avestruces, muy abundantes en los territorios frecuentados por los indios Tehuelches, quienes bajan con frecuencia á la colonia para cambiar sus pieles y pluma por aquellos productos de que son consumidores, como ser el aguardiente, la yerba mate y el tabaco.

Las casas de negocio estan á cargo de ingleses y franceses. Hay tambien suizos que se dedican á la agricultura, y no con poco trabajo han fundado una pequeña aldea al Sur de Punta Arenas, que se designa con el nombre de "Agua Fresca."

Seis vapores al mes tienen á la colonia en comunicacion directa con los puertos chilenos y con Europa.

Las lluvias en Punta Arenas son poco frecuentes, debido sin duda á una pequeña cadena de colinas que le sirve de abrigo por el poniente.

Esta poblacion esplota algunas minas de carbon situadas á 15 millas hácia el O.N.O., en un paraje delicioso, rodeado de árboles y regado por un arroyo cristalino que suele convertirse en torrente impetuoso. Es el arroyo llamado "Las Minas" que limita la poblacion por el Norte y cuyo lecho, como he dicho en otro capítulo, lo forma un cascajo aurífero de espesor muy variable. Nace en las colinas de Brecknock y desagua en el estrecho por dos bocas muy abundantes en peces.

Aunque completamente ignorada la naturaleza geológica de dichas colinas, creese vulgarmente que las forman algunos granitos auríferos, de cuya descomposicion proviene el oro que se recoje en las orillas del rio.

Y ya que de oro me ocupo aquí, daré algunas noticias sobre los depósitos de ese metal en Patagonia.

Háse hallado oro en distintas latitudes, pero donde parece abundar es en la península de Brunswick.

En 1876, una goleta pescadora, mandada por el argentino D. Gregorio Ibañez, encalló cerca de Cabo Vírgenes, salvándose la tripulacion que ganó la costa. Uno de los náufragos, al abrir un pozo para sacar agua potable, encontró oro, cuya muestra regaló nuestro compatriota á un minero inglés que la envió al Sr. D. Enrique Sewell, en Lóndres.

Tambien en unos manantiales conocidos por los "Tres Chorrillos", en la latitud del Monte Observacion situado á pocas millas al Sur del Monte Leon, bastante célebre por la captura de la "Juana Amelia" y la "Devonshere", recojí algunas partículas auríferas en un terreno blanquizco que contenia nódulos férreo-calcáreos.

Mas al Norte, cerca del Rio Belgrano, hallé en mi último viaje un fragmento de cuarzo aurífero que provenia á no dudarlo, de la Cordillera, donde el capitan Musters encontró vestigios del precioso metal.

En general, el yacimiento del oro en Patagonia, es el resultado de la descomposicion de la roca que lo contiene, y del acarreo del metal que se deposita entre las arenas y cascajo de la formacion terciaria.

Las minas del Brasil, Siberia, California y Australia, pertenecen al mismo yacimiento.

Pero volvamos á Punta Arenas.

Ademas de las riquezas mencionadas posee la próspera colonia del Estrecho, algunos aserraderos que convierten en tablones los troncos seculares de sus bosques inmediatos, ya sea para emplearlos en la construccion de sus casas ó para cargar buques que los llevan á los puertos de Malvinas y del Perú.

El mas notable es á vapor y está situado sobre el arroyo "Tres Puentes", en cuyas aguas cristalinas se dibujan las siluetas de los robles antárticos, de cuyas ramas cuelgan algunos hongos redondos y amarillos (Cyttaria).

Al escribir estas líneas se presentan á mi memoria los sombríos bosques de la península de Brunswick y de las nacientes del Rio Chico.

Los bosques antárticos tienen una fisonomia que les es propia, y el viajero que los visita por primera vez, no alcanza á definir que es mas grandioso, si el cielo austral en una noche de verano con sus brillantes constelaciones y los regueros de luz de las estrellas fugaces, ó esos árboles gigantescos agrupados en horrible desconcierto, que circundan las altas motañas, sobre cuyas crestas nevadas, ruedan los nubarrones empujados por el huracan.

A los bosque que he visitado en Patagonia, pueden aplicarse estas palabras de un ilustre viajero.

Es Darwin, hablando de los de la Tierra del Fuego. Oidlo:

" La oscura profundidad de la quebrada se armonisa muy bien con las señales de violencia que observamos por todas partes; vénse de cada lado masas irregulares de rocas y árboles desarraigados ó podridos hasta el corazon y próximos á caer.

" Esta masa confusa de árboles muertos ó llenos de vida me recuerdan los bosques de los trópicos, y sin embargo hay una notable diferencia: en estas tristes soledades que visito ahora, la muerte, en vez de la vida, parece que reina eternamente". (1)

He ahí un cuadro á grandes trazos, pero admirable, de la fisonomía imponente y salvaje de las selvas australes.

---

(1) *Voyage d'un naturaliste*, etc.

CAPITULO IV

LA TIERRA DEL FUEGO.

Al dedicar este capítulo á la Tierra del Fuego, cuyas altas mesetas he visto tantas veces desde las playas patagónicas, lo hago con el deseo de satisfacer la curiosidad natural que con esta clase de lecturas se aviva en el lector.

La Tierra del Fuego, esa grande isla desprendida del resto del continente por algun terrible cataclismo como lo fué Sicilia de la península itálica, está poblada de tribus antropófagas que la etnografía coloca con razon en la última escala de los séres humanos.

Podemos describir la Tierra del Fuego en dos palabras, dice Darwin:—"un pais montañoso y en parte sumerjido, de tal manera, que profundos estrechos y estensas bahias ocupan el lugar de los valles.

"Una inmensa selva que se estiende desde las

cumbres de las montañas hasta la orilla del agua, salvo la costa occidental.

"Los árboles crecen hasta una altura de 1,000 á 1,500 piés sobre el nivel del mar. Mas arriba se vé una cintura de hornagueras cubiertas de pequeñas plantas alpinas, y finalmente, las nieves eternas, que segun el capitan King, descienden en el estrecho de Magallanes á una altura de 3,000 á 4,000 piés."

Esta descripcion es bastante exácta respecto de la costa oriental. La opuesta es ménos poblada de bosques y entre estos y la playa hay campos llanos muy abundantes en guanacos.

Un gaucho argentino llamado Manuel Coronel, cuyo nombre conocen seguramente algunos de mis lectores, pues lo he mencionado varias veces en mi obra anterior al hablar del Rio Chico, me ha suministrado muchos datos sobre la costa occidental.

Este compatriota formó parte de la espedicion del célebre Pertuiset, que como se sabe, publicó en París en 1877, una relacion de su viage, titulada: *El tesoro de los Incas en la Tierra del Fuego.*

En ella figura el Inca Yupanqui que no es otro que nuestro gaucho en cuestion.

Copio ahora de mi cartera de notas: "Manuel me aseguró que la parte de la Tierra del Fuego que él conocia era rica en campos pastosos, donde se hundian los caballos hasta el pecho.

Díjome tambien que cerca de *Bahía Inútil* habia muchas lagunas de agua dulce y que la caza abundaba en todas partes, pero que los campos eran malos para correr por las muchas cuevas de *cururos* (Ctenomys magellanicus)".

Sé tambien por el Teniente de la marina chilena, D. Federico Chaigneau, que en "Punta Baja" hay buenos campos y grandes manadas de guanacos.

La flora fueguina es muy semejante á la de las regiones del Sur de la Patagonia: los mismos robles y mas comunmente el *Fagus betuloides;* la *Berberis mycrophilla* y otros arbustos espinosos, y para completar este cuadro el apio silvestre y la coclearia.

La zoología es mas pobre que la de Patagonia. En clase de mamíferos se encuentran ballenas, lobos y focas; una especie de tucu-tucu (Ctenomys Magellanicus), dos zorros (Canis Magellanicus y C. Azarae), el guanaco y un ciervo.

Algunos pescadores de lobos hánme asegurado haber visto avestruces en la *Bahía Gente Grande*, pero dudo mucho de la veracidad de tal aserto.

Por lo que concierne á la geología de la Tierra del Fuego, muy poco puedo decir: en las costas abundan las rocas cristalinas y hácia el interior del país aparecen los aluviones estratificados.

Bajo el punto de vista industrial, las costas fueguinas son ricas en huano y la caza de lobos, focas y pengüines, conduce á ellas multitud de barcos de todas las naciones.

Un cuero salado de lobo, de dos pelos, vale en

Inglaterra dos libras esterlinas, y en Punta Arenas se vende por la mitad de esa suma.

Los ingleses que se han establecido en la isla Navarino, sacan gran provecho de la caza, empleando en ella á muchos indígenas que convertidos al cristianismo, viven felices en pequeñas agrupaciones.

Ojalá que la suerte sea propicia á los misioneros ingleses que han emprendido esa noble cruzada de redencion!

CAPITULO V

EL ISTMO DE BRUNSWICK—LAS MESETAS TEHUELCHES

El viajero que de Punta Arena se dirije á Santa Cruz, tiene por fuerza que hacer gran parte de su camino por la playa, no siéndole posible apartarse de ella sino en llegando á Cabo Negro, sobre la Bahía Laredo, que es poco mas ó ménos una jornada de seis leguas. Esto se debe á los tupidos bosques de las colinas de Brecknock que forman una muralla insalvable sobre los mismos lindes de la playa.

Hasta "Tres Puentes" se marcha por una pequeña llanura poblada de robles y de arbustos espinosos.

Pasado ese paraje solo queda una senda estrecha donde yacen en una capa espesa y fétida, algas y crustáceos, moluscos y peces que el mar arroja en cada marea. En esa masa informe de animales y vegetales, recoje el naturalista elementos de estudio que le indemnizan de las fatigas de una marcha lenta y penosa.

A cuantas meditaciones no se prestan esas creaciones de los abismos salobres, que soportan á profundidades enormes la presion poderosa de las aguas! Solo una planta, la *Macrocystis pyrifera*, engendra en el espíritu estraños pensamientos....

Siguiendo siempre la playa, hay en el trayecto algunos arroyuelos que como serpientes de plata, corren silenciosos por debajo de los árboles. El mas caudaloso llamado "Rio Chabunco" queda inmediato á Cabo Negro, donde el camino se aparta de la orilla del mar.

En aquel paraje hay una vega hermosísima, un lago rodeado de árboles y pequeñas lomadas con numerosos vestigios de los antiguos ventisqueros.

Antes de proseguir, diré algo sobre la historia natural del istmo de Brunswick.

La flora es muy interesante: ademas de los robles (Fagus antáctica y F. betuloides) hay *Drimys Winteri*, *Primula Magellanica*, *Calceolaria nana*, *Azorella trifurcata*, dos *Berberis* (B. mycrophilla y B. ilicifolia) y *Misodendrum punctulatum* parácito en los *Fagus*.

En las faldas de algunas colinas elevadas, hállanse preciosas fushias (Fuchsia Magellanica) y delicadas frutillas (Fragaria).

En las ramas y troncos de los *Fagus* crecen unos hongos redondos (Cyttaria Darwinii).

La fauna es rica si se tiene en vista la frialdad

del clima. He visto muchas aves como ser: *Spheniscus magellanicus, Haliaeus carunculatus, Vanellus cayenensis, Therísticus melanopis, Sturnella militaris, Bernicla antarctica* y *Picus magellanicus.*

En cuanto á mamíferos he observado los siguientes: *Mephitis patagonica, Canis Magellanicus Ctenomis Magellanicus* y *Felis concolor.*

He ahí las especies animales y vegetales mas comunes del istmo y de la península. Al hablar de otros lugares he de mencionar otras muchas que completan el cuadro zoológico y botánico de la Patagónia Meridional.

En dejando Cabo Negro, se hace rumbo al Oeste hasta llegar al pequeño rio "Pescado", que desemboca en el estrecho, frente á la isla *Elizabeth*, así llamada por Drake. Este rio ó arroyo corre por el centro de una gran quebrada, que al primer golpe de vista parece haber sido el lecho de un canal que uniera en época remota el mar Magallánico con las aguas de Otway.

Al Norte del "Rio Pescado" hay algunas lagunas que se hielan en invierno y forman en la primavera grandes pantanos que se mantienen hasta Diciembre y Enero.

Estas aguas estagnadas alternan con pequeñas colinas tapizadas de *mutillas* y algunas gramineas.

Tal es el aspecto del istmo de Brunswick hasta el canal marítimo llamado "Cabeza del Mar", donde termina la península y principian las mesetas patagónicas.

Es una de esas planicies elevadas la que he

seguido muchas veces al recorrer aquellas soledades.

Arida y desolada es la meseta, y el viajero que la cruza en verano apresura el andar de su caballo, buscando con marcada inquietud alguna mata bienhechora que le cobije bajo su sombra.

Pero en vano escudriñará el horizonte, que sobre la arenosa superficie solo se vé uno que otro "calafate" raquítico ó algunas "matas negras" que sirven de guarida á los lagartos.

Sobre ese antiguo lecho del Océano, cuya triste monotonia fatiga la vista y el espíritu, reverberan los rayos del sol y ruedan sonoros los vientos del Occidente, que despues de atravesar montañas, lagos y rios, van á encrespar las azuladas aguas del Atlántico.

Desde Cabeza del Mar hasta Rio Gallegos la meseta está cubierta de lagunas saladas que ocupan el fondo de grandes depresiones terrestres muchas veces encerradas entre gigantescas murallas de lava.

Al Norte del Gallegos se ven algunas pequeñas salinas donde se recojen hermosos cubos de sal comun; pero las mas estensas y esplotables están situadas entre Coy-Inlet y Santa Cruz, donde abundan tambien las lagunas con sulfato de sosa.

Hasta Coy-Inlet la meseta presenta accidentes notables debidos á la accion convinada del fuego y del agua, en la época terciaria, pero al dejar ese rio á la espalda, esta se convierte en pampa rasa y á no ser algun rebaño de andariegos guanacos que merced al espejismo revisten proporciones gigantescas, nada detiene la vista sobre ese mar de arena y cantos rodades.

No es estraño ver en algunos parajes manchones de pasto alto y verde que forman agradable contraste con las yerbas cortas y amarillentas que los rodean. Estos pequeños oasis de las estepas tehuelches se forman allí donde el guanaco arroja sus escrementos.

He anotado esta observacion por creerla de alta trascendencia, puos si en tan áridas regiones se consigue mejorar el terreno con un abono exíguo y poco apropiado, que no se obtendria en los valles, empleando para el mejoramiento de la tierra el abundante huano, abono por excelencia, que ha colocado la Naturaleza en las dilatadas costas auttrales.

Es cierto que la Patagonia no será nunca un pais agrícolo, pero no obstante puede producir lo necesario para el consumo de grandes y numerosas colonias.

A los estadistas que califican de inhabitables las tres cuartas partes de Patagonia, les diré que no existe en el mundo un solo palmo de tierra donde la criatura humana no pueda levantar su choza ó enterrar el arado. El trabajo del hombre lo cambia todo, haciendo de un yermo un campo de verdura.

La vejetacion de la meseta se limita á dos glumaceas, tres sinantérias, algunas gramineas, un *cactus* (Opuntia Darwinii) la *Berberis mycrophilla* y la Mata-negra (Verbenacea).

Aunque pobre en vegetales, la altiplanicie es rica en especies animales. Los mamíferos están representados por el guanaco (Auchenia) el gato montes (Felis Geoffroyi), tres especies de zorros (Canis Magellanicus C. Azarae y C. Griseus), el *Mephitis Patagónicus* y algunos roedores.

Las aves mas comunes son el chimango (Milvago), el carancho (Polyborus vulgaris), el pecho colorado (Sturnella militaris), cinco especies de patos, el flamenco (Phoenicopterus ignipalliatus), un cisne, (Cygnus nigricollis) y el avestruz austral (Rhea Darwinii).

Esta ave corredora, llamada vulgarmente "avestruz petizo", es mas chico que nuestro *Rhea* común ó americana.

El *Rhea Darwiuni* habita la Patagonia hasta el Chubut. Los huevos son mas pequeños que los del *Rhea americana*, y es el macho quien los empolla, permaneciendo inmóvil durante muchas semanas, mientras que la hembra corre el campo en busca de alimentos.

El número de huevos depositados en un solo nido asciende con frecuencia á cincuenta y aun mas, pues suelen poner varias hembras juntas.

Los insectos, y particularmente los coleópteros, son muy abundantes.

A la pequeña lista publicada en mi *Viaje al país de los Tehuelches*, debo agregar estas dos especies de la familia Melanosoma: *Nyctelia reticulata y N. latissima*.

Al Sur de Santa Cruz, en las orillas de turbias lagunas de agua dulce, he observado una porcion de moluscos de los géneros *Bulimus* y *Planorbis*. Hay tambien en ellas numerosos anélidos, pero no he podido determinar las familias á que pertenecen.

No terminaré este capítulo sin dar una lijera noticia sobre la antigüedad, que en el órden de las revoluciones terrestres, debemos asignar al país de los Tehuelches.

Entre las formaciones geológicas de la República Argentina figura en primera línea la terciaria inferior, llamada *Patagónica* por el gran naturalista francés D'Orbigny, que la estudió magistralmente, legándonos en su *Voyage dans l'Amerique*, preciosas observaciones que tienen que servir de base á todo estudio geológico de la Patagonia.

La formacion terciaria puede seguirse por todos los territorios australes situados entre Bahia Blanca y el estrecho de Magallanes. Consiste en capas alternadas de arcilla, arena, piedra arenisca y caliza que contienen numerosos moluscos fósiles que forman en las escarpaduras del Rio Santa Cruz, bancos de dos y tres metros de espesor, perfectamente horizontales, de donde se deduce que la emersion fué lenta y sin sacudimientos que naturalmente hubieran ocasionado la inclinacion de la masa emerjente.

Dichos bancos se presentan casi siempre debajo de una capa de piedra arenisca que contiene restos de los primeros mamíferos que poblaron la Patagonia.

Todo ese inmenso depósito sedimentario está

cubierto por un potente manto de guijarros, cuyo espesor varia entre 10 y 200 piés.

Cree el eminente Dr. Burmeister, y me adhiero á su opinion, que todas esas piedras rodadas provienen de la Cordillera de los Andes.

Los fósiles que caracterizan los distintos terrenos de la formacion Patagónica son: entre los mamíferos, los *Nesodontes*, cuyos primeros restos descubrió Darwin; el *Macrauchenia patachonica* descubierto tambien por el naturalista inglés; el *Anchitherium australe*, nueva especie de Patagonia, cuyos restos descubrí en mi último viaje. (1)

El *Hoplophorus ornatus* y un representante del género *Brontotherium*, completan esta pequeña lista.

Entre los moluscos predominan los géneros *Venus, Pecten, Cardium, Turritella, Fusus, Cerithium Mactra* y *Patella*.

No he encontrado nunca vestigios de crustáceos ú otros organismos inferiores.

---

(1) Una especie idéntica de Norte-América, se halla descripta en la obra titulada: *The Ancient Fauna of Nebraska*, by Joseph Leidy.

Véase el tercer tomo de la obra que está escribiendo el Dr. Burmeister, bajo el título *Description phisique de la Republique Argentine*, en la que tan reputado autor hace una interesante descripcion de los restos del *Anchitherium*.

CAPITULO VI

SAN JULIAN — PUERTO DESEADO

Habiéndome ocupado en otra ocasion del puerto y territorio de Santa Cruz, creo innecesario volver sobre ellos, por cuanto solo tendria que agregar á lo ya dicho algunas observaciones de poca importancia.

Hecha esta salvedad, trataré aquí de otros puertos importantes de la Patagonia Austral.

Puerto San Julian—Muchos de los datos que tengo sobre este puerto y tierras inmediatas, los debo á la galanteria de mi amigo Don Enrique Gouttes.

"El fondeadero del puerto,—dice el señor Gouttes,—es muy seguro y abrigado. El mejor paraje está frente á la Punta Shool, situada por los 49° 15' 20" de latitud y 67° 41' de longitud O. de Greenwich.

"Entre esta punta y la llamada "Tomb", se encuentra el único paraje bueno para desembarcadero, siendo toda la costa muy acantilada. Próxima á ella vénse las ruinas de la colonia española "Florida Blanca", que limitan por el Norte un pequeño arroyo cuyas aguas son muy buenas durante el invierno y hasta mediados de Octubre, en que cambian notablemente, adquiriendo un gusto salobre y amargo.

"Las lagunas de agua dulce son muchas, midiendo la mas importante 250 metros de largo por 200 de ancho.

"Las lagunas saladas y salinas son tambien muy numerosas. Entre las últimas, la que merece una atencion particular es la gran Salina al N. O 1[4 N. del Puerto de San Julian".

En la parte Sur de esta salina, practicando el señor Gouttes algunos sondajes, descubrió un banco de sal marina en planchones.

"La segunda salina notable es la salina Rosada. Se encuentra á 3,400 metros de Punta Owen, con rumbo al S. 55° O".

Esta salina y la que visitó Darwin al Norte del Rio Negro, deben su hermosa coloracion á ciertos infusorios contenidos en el agua.

"La vegetacion es muy pobre: en las mesetas se ven algunos *cactus* y una planta de abrojo muy pequeña.

"En los bajos hay juncos *Rumux crispus* (v. lengua de vaca), algunas gramineas y *Erodium cicutarium* (alfilerillo).

"La temperatura media del verano es mas ó menos de 16° C. sobre cero.

LA PATAGONIA AUSTRAL

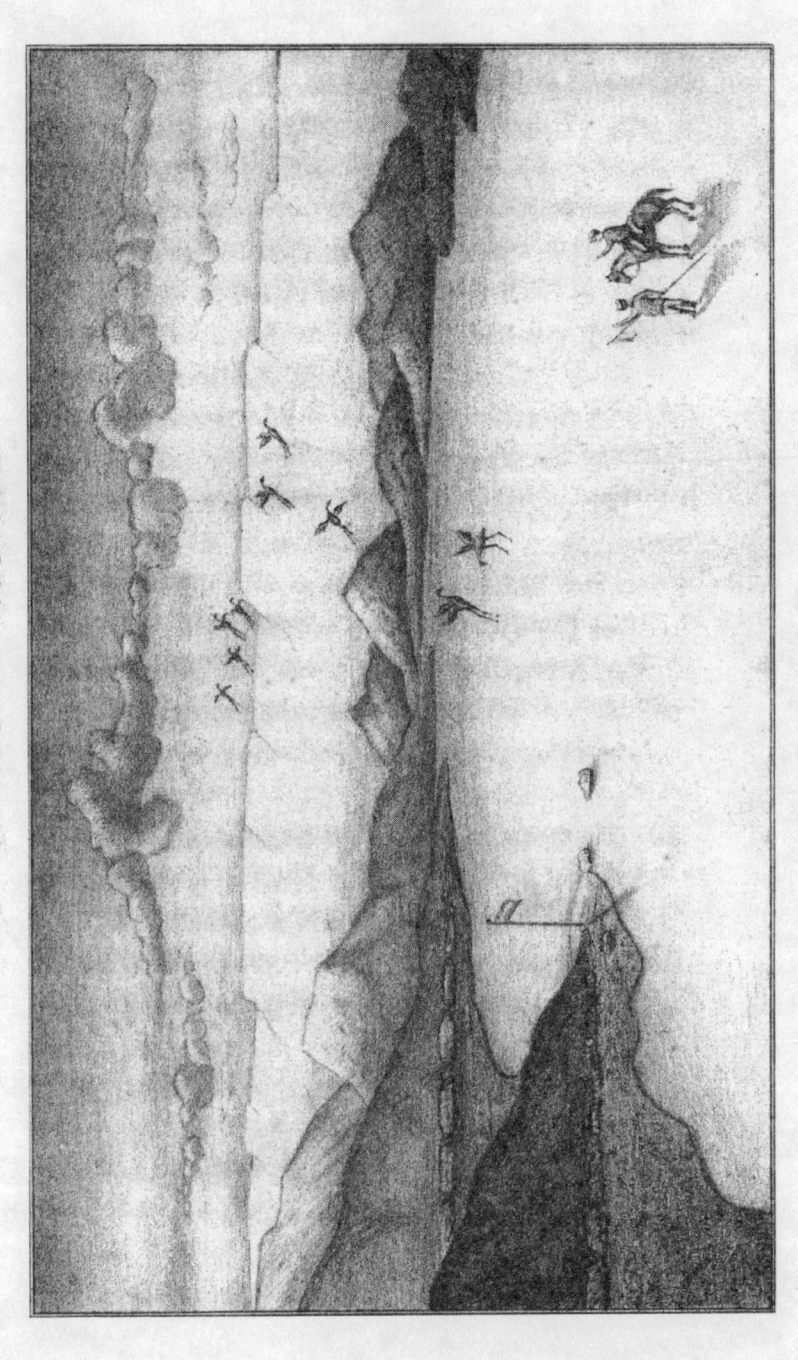

VISTA DE LA GRAN SALINA DE SAN JULIAN
Según un croquis del Sr. GOUTTES.

"Los vientos mas comunes en aquella estacion son los del Oeste, que soplan con impetuosidad durante el dia y calman al entrarse el sol".

La fauna terrestre es la del resto de la Patagonia Austral, y sus costas son muy frecuentadas por ballenas, delfines y focas.

Puerto Deseado—A fines de Diciembre de 1878, zarpaba la cañonera "Paraná" del Puerto de Buenos Aires, con destino al de Santa Cruz. Iba yo á su bordo. . . .

Nuestro viaje fué largo pero provechoso, habiendo visitado el Rio Negro y Puerto Deseado.

En este último paraje permanecimos varios dias que yo emplee en recorrer las costas de la bahía,

Asi pues, los datos que siguen, aunque deficientes, tienen el mérito de ser dados de *visu*.

La bahía de Puerto Deseado penetra como 20 millas tierra adentro, formando á poca distancia de la entrada uno de los puertos mas abrigados y hermosos de Patagonia.

El mejor fondeadero está situado frente á las ruinas de un fuerte español, construido en 1780, donde quedan los buques al reparo de todos los vientos.

Dichas ruinas están sobre la costa Norte, preferible á la del Sur por ser mas abrigada y accesible. Hay en ella agua dulce, pero poco abundante. Hallela en varios cañadones y en el fondo de una cueva, al Norte de un pequeño cerro terciario, resto de meseta, en cuyas faldas se ven las centenarias murallas del fuerte, obra de paciencia que debió costar muchas penalidades á los valientes soldados de Castilla.

Entre sus escombros recojió un oficial de la "Paraná", dos pequeñas balas de cañon.

Los terrenos para cultivos son muy limitados, pero podrian aprovecharse algunos valles angostos donde se depositan las aguas de la lluvia.

En uno de ellos hay guindos, manzanos y menbrillos, cuya lozania sorprende agradablemente. la vista

Cuando los visité, en el mes de Enero, estaban cargados de frutas que principiaban á madurar.

Esas plantaciones del siglo pasado demuestran incontestablemente la bondad de la tierra, que si nada produce es porque nadie la trabaja.

La geologia de Puerto Deseado es muy interesante por sus caracteres bien definidos. A una altura de 3,000 piés, poco mas ó ménos, sobre algunas masas de pórfidos, se levanta una gran meseta cubierta en su superficie por una capa de cantos rodados, que en ciertos lugares alcanza un espesor considerable.

Los fósiles que caracterizan la formacion terciaria superior, se observan allí en distintos parajes, abundando la *Ostrea patagónica*; pero contraria á la opinion de otro viajero que ha recorrido las tierras australes, creo que no hay indicio alguno para admitir la existencia de la formacion inferior á *Guaranítica*. En ninguna parte he podido hallar la arcilla plástica y el *grés* distintivos de esa formacion.

En general, el aspecto de las costas del Puerto Deseado es triste y desolado, y debido á la escacez de agua se hace imposible la colonizacion en grande escala.

La zoologia no ofrece nada de notable. Hay guanacos, avestruces, bandurrias (Theristicus melanopis), pengüines (Spheniscus patagonicus) y cormoranes del género *Haliaeus*.

Los insectos son abundantes y pertenecen en su mayor parte al género *Nyctelia*, familia *Melanosoma*.

En la playa contigua á las ruinas abundan moluscos de los géneros *Mytilus, Mactra, Venus, Voluta, Patella, Trochus, Fisurella* y *Pectens*.

En la bahía hay muchos peces y cetáceos.

Agregando á esto, dos especies de tábanos (Tabanus) y algunos lepidópteros, se tiene una idea aproximada de la zoología de Puerto Deseado.

La vegetacion es mezquina: salvo dos ó tres gramineas, una umbelífera llamada *Mulinum proliferum*, varias sinantáreas, musgos y liquenes, solo ví una que otra mata aislada de *Berberis* ó de *Duvaua dependens*.

Lo mismo que en Rio Negro, Bahia San Blas, Santa Cruz y Rio Chico, los tehuelches del tiempo de Magallanes, han dejado, en Puerto Deseado, numerosos vestigios de sus primitivos campamentos. Vénse en las costas de la bahia grandes montones de conchas fracturadas que recuerdan los

Kjokkenmodding de Dinamarca y los *Sambaquis* del Brasil.

Con efecto, esos depósitos no son sino desperdicios de cocina, entre los cuales he recojido preciosas armas talladas en piedras provenientes del interior del pais.

En el capítulo final daré otros detalles sobre tan importantes descubrimientos.

CAPITULO VII

EL RIO CHICO Y SUS AFLUENTES

El rio Chico es, despues del Santa Cruz, la corriente de agua mas importante de la Patagonia Austral. Como pertenece al régimen de los rios torrenciales, no es posible dar un dato cierto sobre su caudal de agua, que varía proporcionalmente á los deshielos en las cordilleras donde se forma.

En la parte inferior de su curso presenta una anchura normal de 40 á 50 metros, pero en la superior se estrecha considerablemente á consecuencia de la mayor resistencia que ofrecen sus márgenes á la erosion.

En efecto, en *Mawaish*, el rio ha cavado su lecho en las rocas basálticas que levantándose sobre sus bordes forman como una especie de pórtico gigantesco que habla al espíritu el mudo lenguaje de las edades geológicas.

De allí para el Oeste, enancha y enangóstase

sucesivamente, segun la naturaleza petrográfica de los terrenos que atraviesa.

En *Ay-aiken* adquiere aspecto de torrente, continuando así por espacio de algunas millas hasta los 72° 13' de longitud de Greewich.

En toda la estension de su curso recibe el Rio Chico tres afluentes de consideracion. Uno en *Korpen-aiken*; otro á cuatro millas al Noroeste de *Ay-aiken*, y el tercero en los 48° 28' de latitud y 72° 13' de longitud. El mas importante es el segundo que baja del Noroeste con una velocidad de 3 á 4 millas por hora. Grande es el volúmen de agua que tributa, y ellas aumentan notablemente las del rio padre.

Como no ha sido mencionado por ningun viajero, y como por otra parte no tiene nombre indígena que yo sepa, me he permitido llamarle "Rio Belgrano", en honor de una de las glorias con que se honra la tierra argentina.

El afluente mas occidental, que llamaré en adelante "Brazo Noroeste", es de poca estension, pero en revancha arrastra grandes trozos de carbon fósil que parece abundar en las montañas donde nacen los dos brazos principales que lo forman.

Esos depósitos carboníferos ocupan seguramente toda la falda oriental de los Andes, pues háse hallado el precioso combustible en la península de Brunswick, en la costa de Skyring Water y en la ensenada "Last Hope".

De la importancia de tales depósitos podrá juzgar el lector por este dato elocuentísimo: los

mantos de carbon de una sola mina (Mina Rica—
Skyring Water) representan, segun informe del
ingeniero Arnal, 100 millones de toneladas métricas. (1).

El carbon lignito de Rio Chico, segun mis propios esperimentos, arde con llama larga y fácilmente, despidiendo bastante humo y olor bituminoso. Su color es negro, su estructura compacta y á veces laminar.

Decía que el afluente del Noroeste acarreaba carbon. Debo agregar que riega campos fertilísimos y de gran porvenir industrial.

Uno de sus brazos,—el del O. N. O.,—corre por un valle angosto, poblado por tupidos bosques de *Fagus antarctica* que algun dia oirán estremecidos el ruido de la sierra que divide las fibras vegetales para entregarlas á la industria que las convierte en obras de lujo ó de utilidad.

En el dia nada turba el silencio abrumador de esas selvas que ocultan bajo sus hojas y ramas, pequeñas colinas redondeadas y dispuestas sin órden; sembradas de trozos de piedras de distintas formas y tamaños, que en tiempos lejanos formaban las morainas terminales de los grandes ventíqueros, que aun se ven en el dia descender lentamente las empinadas laderas de los montes.

Hubiera deseado ver de cerca tan interesantes fenómenos, pero la escabrosidad de las montañas y

---

(1) L'année scientifique—1875.

la salvaje espesura de los bosques frustraron mis esperanzas.

El valle del Oeste es menos arbolado, pero su arroyo es mas ancho y mas profundo, y parece arrastrar mayor cantidad de carbon.

Ambas corrientes se confunden al entrar en un estenso valle minado por número incalculable de cuevas de tucu-tucos (Ctenomys magellanicus).

Este interesante roedor, el mas dañino de Patagonia, construye sus habitaciones en los terrenos bajos, y son tan numerosas y contiguas que por fuerza hay que evitarlas para no caer en ellas ó cansar los caballos.

El *Ctenomys* no sale nunca de su cueva durante el dia, pero lo hace en la noche, para buscar algunas hojas ó insectos que le sirven de alimento.

Entre el precitado valle y el Rio Chico se interponen: primero, un grupo de colinas; luego un gran bajo ó lago desecado, cuyas viejas riberas acantiladas dejan ver en sus estratas las gigantescas ostras de la fauna fósil.

En el centro de ese antíguo receptáculo, limitado al Oeste por azulados ventísqueros, vése una hermosa laguna que creo comunique en la época de los deshielos con otra mas pequeña y túrbia, situada como á una milla al Este, rodeada de inmensas moles erráticas desprendidas de las altas montañas.

Al construir el croquis que acompaño, no he trepidado en bautizar el mayor de esos estanques con el nombre de "Laguna Moyano," en testimo-

LA PATAGONIA AUSTRAL

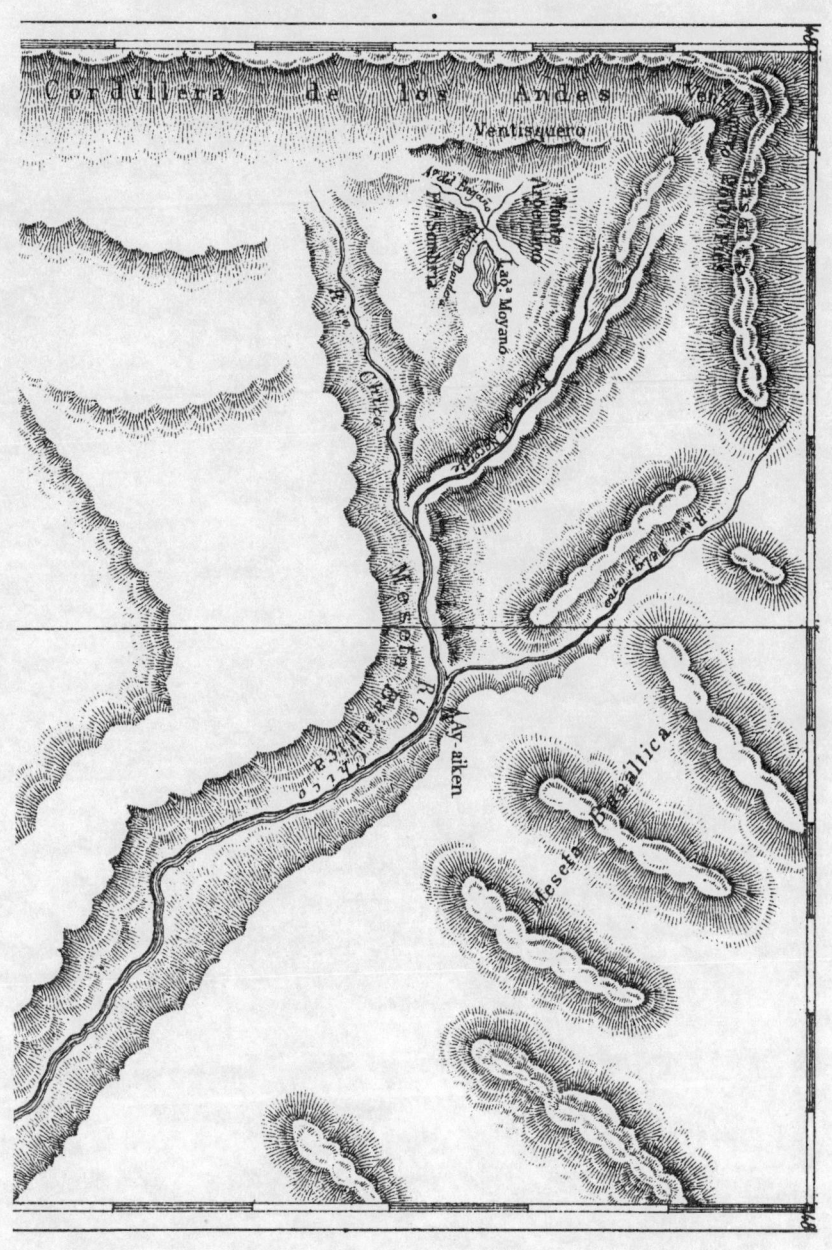

CROQUIS DE LOS AFLUENTES DEL RIO CHICO.

nio de agradecimiento á los cariñosos cuidados, que durante la esploracion del Rio Chico recibí de mi amable compañero de viaje D. Cárlos M. Moyano.

A una legua al Oeste de la Laguna Moyano se reunen varios arroyos que forman un pequeño riacho, el cual corre al Oeste, dobla la punta que he llamado "Sombría," por el aspecto del bosque que la cubre, y sigue Oeste y Sud-oeste en un valle poblado de árboles, donde ningun sér humano ha penetrado hasta ahora.

Cuando en el mes de Octubre de 1878 descubrí ese gran arroyo que tenazmente se dirigia al Oeste, casi llegué á creer que la Cordillera presentaria algun "paso" en aquella direccion, y que fácil me seria llegar hasta el Océano Pacífico.

Ese bello sueño fué de corta duracion, pues al enfrentar á Punta Sombria, observé con tristeza que no existía ninguna depresion andina.

Bajo la impresion de tan cruel desencanto laméle al riacho "Arroyo del engaño".

Quisiera hablar ahora estensamente sobre la naturaleza petrográfica de las montañas andinas, pero tengo que renunciar á ello por no haber estudiado muchos de los ejemplares de rocas recojidas durante mi permanencia en las nacientes del Rio Chico

Sin embargo, adelantaré aquí, en compendio, todo lo que hasta la fecha he podido averiguar, dejando los demas datos para un trabajo-

especial que sobre la geognosia de Patagonia, preparo desde hace algun tiempo.

Algunos montes culminantes como el de Punta Sombria y otro que se levanta enfrente, al cual he nombrado "Monte Argentino", están formados de rocas cristalinas y sedimentarias.

Las "Colinas de la Bandera," situadas al Este de dicha punta, las constituyen vistosas rocas esquistosas y un conglomerado silicio-arcilloso, cuya coloracion rojiza ó verdosa atrae desde luego la atencion del caminante.

En las antiguas morainas del Brazo Noroeste, hay fragmentos de renegrida obsidiana arrojada por grandes crateres apagados desde siglos, bajo cuyo manto de nieve sempiterna duerme un potente foco volcánico, apenas denunciado por el "Chalten" imponente volcan en actividad.

Al Este de la Laguna Moyano, se ven inmensos trozos de pórfidos y conglomerados de orígen glacial, pero que á primera vista se tomarian por rocas *in situ*.

La fauna ornitológica de la region andína es poco variada.

En las colinas arboladas hay muchos cóndores (Sarcoramphus condor) caranchos (Polyborus vulgaris,) cernícalos (Falco sparverius) jilgueros (Chrysomitris magellanica) *chingolos* (Zonotrichia canicapilla) y una lechuza (Strix perlata).

En los arroyos y lagunas abundan las avutardas (Bernicla antarctica), los cisnes (Cygnus nigricollis,) la *Ardea, nicticorax* y varias especies de patos, que como el *Dafila oxyura* son muy comunes en Patagonia.

Entre los mamíferos útiles, el mas interesante es el Huemul (Cervus chilensis) que habita en los pequeños valles andinos.

Estos animales son muy mansos y facilmente se les puede dar caza, pues se dejan apróximar á tiro de pistola.

El macho es mas grande que la hembra, y sus hermosos cuernos se cubren en invierno con una piel delgada y velluda. Ambos tienen un color gris-oscuro, achocolatado en partes.

Un ciervo extraido del vientre de la la madre en los últimos dias de la gestacion, presentaba las siguientes medidas:

Longitud de la boca al apéndice caudal..... 0.65
Circunferencia en la parte media del cuerpo. 0.39
Altura de las patas delanteras. 0.32
Longitud del cráneo.................... 0.15
  " de la mandíbula inferior......... 0.10
Diámetro mayor de lasó rbitas 0.04

La *Lutra* ó "Tigre del agua" como le llaman los indios á este anfibio, figura despues del Huemul entre las especies animales mas notables de las nacientes del Rio Chico.

Es de color oscuro y un poco mas grande que la *Lutra platensis*.

Algunos viajeros la identifican con la *chilensis*, pero estoy dispuesto á creer que es mas bien una especie distinta y peculiar á la Patagonia Austral.

La fauna entomológica está representada ricamente. Además de los insectos anotados en mi libro anterior, hay muchos dipteros del género *Culex*, una *Meloe* y buen número de lepidópteros muy comunes en la Patagonia, como el *Agrotis saucia*.

La flora herbácea es poco variada; las gramineas prevalecen y forman un tapiz verde-amarillento que se extiende sobre las colinas muy abundantes en vejetales leñosos como el Calafate (Berberis), la Mata-negra (Verbenácea) y el Incienso (Duvaua patagonica). Además de estas plantas debo mencionar la presencia de algunas compuestas y leguminosas que crecen comunmente en los parajes abrigados.

CAPITULO VIII

BREVES CONSIDERACIONES SOBRE LA FAUNA AUSTRAL

Opina el Dr. Burmeister (1), que los séres organizados que pueblan la Patagonia son originarios de la meseta de Bolivia.

Tan aceptable hipótesis está casi plenamente confirmada con la identidad sorprendente de ciertos mamíferos, pájaros é insectos de Bolivia, que habitan tambien nuestras tierras australes.

Hácia la mitad del período eoceno, la Patagonia era un gran archipiélago formado por grandes islas, elevadas ó deprimidas á cada instante por los poderosos agentes volcánicos de aquella época.

En el período mioceno, se levanta de los abismos del Océano la prolongacion meridional de la Cordillera de los Andes y emerjen las grandes mesetas occidentales, que se pueblan muy luego con los

(1) La Fauna Argentina—(Anales de la Sociedad Científica, Noviembre de 1879).

primitivos representantes de la gigantesca fauna de Norte-América, diseminados en aquella época sobre la gran meseta boliviana.

A fines de dicho período se produce un notable cambio climatérico: un espeso manto de nieve sepulta gradualmente las antiguas tierras australes y con ellas multitud de séres organizados y tupidos bosques que las siglos convierten en espesos mantos de lignito.

En el período plioceno desaparecen los hielos, y despues de espantosos sacudimientos que separan la Tierra del Fuego del Continente, emerjen las mesetas orientales y toma la Patagonia sus relieves actuales.

Durante los tiempos pliocenos las comarcas patagónicas han recibido nuevas especies animales de las cuales descienden las que viven en el dia.

En una palabra: todos los séres organizados, superiores, de la parte austral de la República, han bajado en mi opinion, de la gran meseta de Bolivia la cual se pobló con otros idénticos originarios de Norte-América.

La presencia en los terrenos terciarios australes de los notables géneros *Anchitherium* y *Brontotherium*, descubiertos en Norte-América, no sería una prueba eficiente de la comunidad de orígen de ambas faunas fósiles?

La Patagonia Austral es rica en animales vertebrados, particularmente del órden de los roedores

Además de numerosas especies de ratones abunda en los valles y quebradas un individuo de la familia de los *Muriformia* llamado vulgarmente *tucu-tucu*, y sobre el cual he dado algunas noticias en el capítulo anterior.

La liebre austral ó *Dolychotis patagonica* es tambien muy comun en las mesetas situadas al Norte de de San Julian.

Este lindo roedor es para la Patagonia lo que la *Vizcacha* (Lagostomus) para la Pampa.

Segun la ilustrada opinion de Darwin y mis propias observaciones, la liebre patagónica no pasa nunca al Sur de San Julian.

Sin embargo, estoy dispuesto á creer que ha debido habitar hasta el estrecho de Magallanes, habiéndose estinguido desde siglos como en el caso del *Moa* de Nueva-Zelandia y el *Dronte* de la isla Mauricio.

Despues de los roedores, los animales mas comunes son los rumiantes, representados en Patagonia por los elegantes guanacos (Auchenia guanaco), y una especie de la familia de los *Cervina* conocida por *Huemul* ó *Cervus chilensis*, descrito por Molina, autor de la Historia de Chile, (1) con el nombre de *Equus bisulcus*.

El número de guanacos es verdaderamente prodigioso y recuerdo haber visto en Coy-Inlet muchos miles juntos.

---

(1) *Historia Natural, Geográfica y Civil del Reino de Chile*, por el Abate D. Juan Ignacio Molina.

El guanaco vive con preferencia en la zona andina donde encuentra abundante y tierno pasto, pero desciende en invierno hasta la costa del Océano, en cuyos inmediatos cañadones suele pasar los grandes frios.

Este animal es muy útil por la bondad de su carne y la importancia de su piel, y fácil seria domesticarlo, empleándolo como bestia de carga.

Los Huemules habitan en las faldas de las Cordilleras de donde no se apartan jamás.

Los grandes cetáceos frecuentan las costas entre Puerto Deseado y Cabo Vírgenes.

En mi segundo viaje ví en dicho puerto algunos huesos de *Balaenoptera bonaerensis* y *Sibbaldius antarcticus*.

En ese mismo paraje recojí un esqueleto, casi completo, de *Delphinus Fitz-Royii*, mamífero muy abundante en la Bahía de Santa Cruz y en la costa boreal del estrecho de Magallanes.

Otro cetáceo muy comun es el *Epiodon australis*, digno rival de las ballenas por su enorme tamaño.

El órden de los carniceros cuenta en Patagonia con numerosas especies de las familias de los *Felina, Canina* y *Mustelina*, de las cuales solo mencionaré por su novedad un *Galictis* de Rio Chico, descubierto tambien en el curso superior del Rio Negro.

En clase de aves, nada agregaré á lo apuntado en otros capítulos, por que las especies citadas son peculiares á casi toda la Patagonia.

En cuanto á ofídios, no he visto ninguno en la Patagonia Austral, pero hay muchos saurios, cuyas principales especies he nombrado en mi *Viaje*.

El Rio Chico y el Santa-Cruz contienen muchas truchas (Perca laevis).

Los moluscos gasterópodos y lamelibránquios están representados en Puerto Deseado, Santa Cruz y Estrecho de Magallanes, por ocho ó diez familias, entre las cuales descuellan por su abundancia los géneros *Mytilus* (M. chilensis—M. magellanicus) y *Pectens*.

Los insectos son muy numerosos desde el Sur de Coy-Inlet, particularmente aquellos del órden de los coleópteros, que (cosa curiosa) tienen sus congéneres en Bolivia y Cordilleras de Mendoza.

Aunque siempre he buscado crustáceos, solo recuerdo haber visto tres especies: *Lithodes antarctica, Serolis Orbigniana* y *Serolis patagonica* (nov. spc.)

Los dos primeros son muy abundantes en la playa de Punta Arenas y en la Bahía Laredo, pero es difícil encontrar ejemplares del último.

En cuanto á la clase de los protozoarios, solo puedo citar *Euspongidae*, pequeñas y muy celulosas, de las cuales poseo variados ejemplares recojidos personalmente en la Bahía de Puerto Deseado.

Además de lo dicho, debo mencionar en el Estrecho y costa del Atlántico, desde Puerto Deseado hasta Santa Cruz, la existencia de numerosos equinodermos y zoófitos que daré á conocer mas adelante, cuando complete mis estudios zoológicos.

CAPITULO IX

LA VEJETACION AUSTRAL

Despues de haber echado una breve ojeada sobre la fauna, juzgo conveniente dar una idea del carácter y distribucion de los vegetales sobre el suelo austral patagónico.

Cualquiera que sea el sistema que se adopte para esplicar la formacion del planeta que habitamos, es imposible dejar de reconocer que un largo período de tempestades precedió á la aparicion de la vida sobre la tierra; que el agua cubria todo el planeta, y, agitada sin cesar, se oponia á la agregacion de las moléculas animales, y que el organismo no pudo fijarse sino en el momento en que se manifestó un principio de imersion.

Han debido pasar muchos siglos antes que la vida pudiera establecerse regularmente en medio de ese mundo en convulsion, en el seno de esas aguas hirvientes y revueltas. Cuando las primeras rocas salieron del seno de los mares y levantaron sobre el nivel de las espumosas ondas sus crestas incandescentes, la vida era todavia imposible: faltaba que un período menos agitado sucediera á las grandes perturbaciones.

Nadie podrá decir cual era el aspecto que presentaba la tierra antes de la época en que se formaron las primeras capas sedimentarias, pero es de presumir que despues de numerosos ensayos de la materia, nacieron algunos vegetales típicos de los cuales descienden las especies actuales.

Por lo que respecta á la evolucion y filiacion de los vegetales en Patagonia, nada podré decir por ahora por no haber hallado vestigios de plantas fósiles.

———

La Patagonia Austral ofrece poca variedad en sus producciones vegetales, lo cual se esplica perfectamente por la sequedad y semejanza notables del suelo bajo apartadas latitudes.

En la Península de Brunswick y en las nacientes del Rio Chico, donde el pais presenta grandes accidentes orográficos, se encuentran muchas plantas que no se vén jamás en las planicies.

—Sobre esas alturas, cuyos puntos culminantes alcanzan á muchos centenares de metros, se desarrolla una vegetacion poderosa compuesta de *Fa-*

gus antarctica, F. betuloides, F. obliqua y *Drimys Winteri.*

El límite altitudinal del *Fagus antarctica y betuloides* se encuentra en Rio Chico como á 3,000 piés sobre el nivel del mar.

El *Fagus obliqua* y el *Drimys* parecen habitar con preferencia la Patagonia Occidental.

Las plantas parácitas (Lorantáceas) son muy abundantes en todos los bosques de Patagonia.

Los helechos faltan por completo en las selvas de Rio Chico, pero asegura otro viajero haberlos visto en la region lacustre de Santa Cruz.

Los musgos y los liquenes presentan una variedad notable y son muy numerosos en los bosques y mesetas de toda la Patagonia.

Forman parte de mis colecciones de historia natural unas diez especies distintas de preciosos musgos recojidos en la península de Brunswick, que no pudiendo clasificarlos personalmente por la falta absoluta de libros, he resuelto enviarlos á Europa para su determinacion.

Las Teribentáceas del género *Duvaua* son numerosas en Puerto Deseado, Rio Chico y Santa Cruz, pero faltan en una gran parte de las comarcas situadas al Sur de este último rio.

Las Berberideas ocupan una estension geográfica muy considerable y forman amenudo espesos matorrales que bordean las orillas de los rios.

Las Verbenáceas ocupan indistintamente todos los valles y mesetas y he solido encontrarlas á 800 piés de altura, en la proximidad de los Andes.

Las dos primeras familias, con sus variadas especies, producen una leña muy buena y única en las comarcas distantes de los Andes, porque las Verbenáceas exhalan al quemarse un olor desagradable el cual se comunica á la carne.

En los terrenos áridos y salitrosos se ven algunas Gramineas de hojas duras, angostas y agudas.

Las Euforbiáceas herbáceas son poco comunes en las Cordilleras de Rio Chico, pero las hay en gran número al Sur de los 53° de latitud.

Las Leguminosas, representadas por las lindas Adesmias, crecen sobre los terrenos medanosos de Santa Cruz y Rio Chico.

Las Cacteas prefieren los terrenos secos y elevados y se vén en cantidad considerable sobre las mesetas basálticas situadas entre los grados 48 y 49 de latitud austral.

En los cañadones y otros lugares que guardan una humedad relativa durante todo el año, he solido ver algunas Umbelíferas que constituyen excelente forraje.

La notable familia de las Oxalideas se manifiesta desde Punta Arenas hasta los 48°20' de latitud, con tres preciosas especies del género *Oxalis* (O. enneaphylla.—O. lobata.—O. Magellanica) cuyas flores celestes ó azules forman agradable contraste con la tierra seca y gris que las rodea.

Una Quenopodiácea puebla los valles y mesetas de Santa Cruz y Rio Chico. Es planta vistosa y muestra una afeccion muy marcada á los parajes elevados.

En la Mesopotomia austral, es decir en la ancha faja de tierra limitada por las vias fluviales arriba designadas, se ven muchos centenares de cuadras casi totalmente cubiertas por esa planta que se asocia las mas de las veces con las Verbenáceas, y unas y otras sirven de alimento á los voraces incendios que suelen señalar el rumbo al viajero nocturno.

El *Maytenus Magellanicus* (Celastrinea) es bastante comun al Sur de las Llanuras de Diana y en la península de Brunswick, pero falta absolutamente en los bosques del Rio Chico.

En las cañadas y orillas de los rios poco correntosos, se vén muchos juncos (Juncaceas).

Una especie de esta familia, muy desparramada en toda la Patagonia, forma en algunos lugares pantanosos del Rio Chico como un colchon vegetal, que poco á poco ha ido levantando el suelo.

Entre esos juncales crece una Ciperácea (Carex?)

Por último, citaré una especie de la familia de las Plantagineas, *Plantago marítima*, comun al estrecho de Magallanes y á Puerto Deseado.

Por la reseña que antecede, se vé claramente que la vegetacion del estremo austral de Patagonia presenta notables analogías con la del resto de la República, y muy particularmente con la de Mendoza.

En resúmen: la flora patagónica en general, lleva en sí el carácter del clima seco. Solo en los parajes en que la humedad ó el clima marino se dejan sentir, aquella se modifica ó cambia por completo.

CAPITULO X

OBSERVACIONES METEOROLÓGICAS

La Patagonia era considerada hasta hace pocos años, como una segunda Siberia, donde los hombres se helaban de frio cuando no se morian de hambre.

Algunos navegantes solian hablar al regreso de sus peligrosos viajes por el estrecho de Magallanes ó el Cabo de Hornos, de tripulaciones naúfragas, muertas de frio en las salvajes costas de Patagonia ó de la Tierra del Fuego.

El público prestaba atencion á esos relatos, y si algun viajero hubiera dicho entónces que nuestras tierras australes gozaban de un clima benigno y que eran ricas en carbon, oro y maderas de construccion, todo el mundo habria esclamado: "ese hombre es loco ó quiere burlarse de nosotros".

Felizmente hoy no sucede lo mismo. Nuestros marinos conocen ya las costas fueguínas, y numerosos viajeros han penetrado en las misteriosas llanuras patagónicas, revelando unos y otros las riquezas minerales y vegetales que se esconden en aquellas tierras olvidadas, pero de gran porvenir.

El invierno en Patagonia es muy soportable, aunque cae mucha nieve en su parte mas austral, en cuyas profundas quebradas se conserva durante semanas enteras, debido á la poca influencia que sobre ella ejercen los rayos solares.

En Santa Cruz el frio es apenas sensible, y los parajes situados al Norte de ese puerto tienen una temperatura comparable con la de Bahia Blanca.

El mayor *frio* observado durante mis esploraciones en la Patagonia Austral, fué el 20 de Agosto de 1878.

En la noche de ese dia, estando acampado cerca de Cabo Negro, en el estrecho de Magallanes, marcó el termómetro 9 grados C. bajo cero.

El dia de mas *calor*, fué el 6 de Marzo del mismo año, en Rio Gallegos, donde en la tarde subió el mercurio á 27°.

Las *lluvias* en Patagonia son muy raras. Llueve mas en San Julian que en Santa Cruz, y menos en la costa del Atlántico que cerca de las Cordilleras.

En general, son de corta duracion, pero suele presentarse el caso de que duren algunos dias seguidos.

Hé aquí un cuadro de los dias de lluvia durante mi permanencia en Patagonia:

1877

Fechas	Localidades
Noviembre 22.	Punta Arenas
Diciembre 10.	Cabo Negro

1878

Fechas	Localidades
Enero 21	Isla Pavon (Santa Cruz)
Febrero 8	" "
Marzo 5	Rio Coy-Inlet
Marzo 9	52.° latitud Sur
Setiembre 10, 11 y 12.	Norte de Coy-Inlet
Octubre 5, 6 y 7	Rio Chico
Octubre 25	Nacientes del Rio Chico

En Punta Arenas y en Rio Chico cae mucha *nieve* en los meses de Julio y Agosto.

El *granizo* es muy frecuente al Sur de los 52° de latitud, y cerca de los Andes, en Rio Chico.

Los *rocios* son muy abundantes en las mesetas, particularmente en Febrero y Marzo.

Las *neblinas* no son raras al Sur de Santa Cruz, en el mes de Setiembre.

Los *vientos* mas comunes son los del Oeste que soplan con fuerza en el verano desde que sale el sol hasta que se pone, calmando casi siempre en la noche.

En mi última esploracion del Rio Chico anoté 16 dias de vientos del Oeste y 4 del Este.

Los vientos del Norte y del Este son poco estables y con frecuencia traen lluvias pasajeras.

Los del Oeste hacen subir el *barómetro*.

En Punta Arenas llueve muchas veces con barómetro alto ó hace buen tiempo estando muy baja la columna.

En la misma localidad, la presion barométrica media, durante el mes de Agosto de 1878, fué de 759 mm.

Hay poca variedad en las *nubes*. En Agosto y Setiembre he visto *Cumulus* y *Stratus*. En Octubre *Stratus Cirrus* y *Nimbus*.

Los vientos del Oeste limpian el cielo.

El *espejismo* es notable en Marzo, al Sur de Santa Cruz. Cuando al medio dia marcha el viajero distante de la costa del mar, cree ver lagos inmensos y animales gigantescos que se bañan en ellos.

Solo he visto *arco-iris* una vez: el 8 de Febrero. Era doble.

Los *relámpagos* son raros, pues solo los he observado el 8 de Febrero en la isla Pavon. Eran en forma de zic-zac.

He oido truenos dos veces: el 8 de Febrero y el 6 de Octubre. Son poco estruendosos.

En Agosto y Noviembre se ven muchas *estrellas fugaces*.

Las *tormentas de arena* son muy raras en invierno, pero se observan de vez en cuando durante el verano.

Este fenómeno se relaciona notablemente con otro de suma importancia, observado en Coy-Inlet por los Tehuelches, y en la Patagonia Occidental por Mr. Thomas Brassey, miembro del Parlamento inglés.

Este respetable caballero presenció, estando á bordo de su *yacht* "le Sumbeam", en 1876, en el "Canal Messier", por los 48° 50' de latitud Sur y 75 25' de longitud Oeste de Greenwich, una lluvia de cenizas.

"Una tromba, no de agua, pero de polvo y de cenizas,—dice Mr. Brassey en la relacion de su viaje al rededor del mundo,—cayó de improviso sobre nosotros.

"Admitiendo que este polvo sea de orígen volcánico, ha debido recorrer un trayecto inmenso para llegar hasta ese punto, pues el volcan mas cercano de nosotros, en este momento, es el "Corcovado" en la isla de Chiloé, de la cual nos separan unas trescientas millas"

"Debo apuntar que existe una notable relacion entre la caida de polvo en el canal Messier y la existencia del volcan "Chatel" en Patagonia, si-

---

(1) *Voyage d'une famille autour du monde*, par Mr. *Brassey*.—*Paris.*

tuado segun mis cálculos bajo los 49 grados de latitud meridional.

Los indios Tehuelches han debido notar un fenómeno de idéntica naturaleza, pues segun el esplorador Musters, algunas tribus acampadas en Coy-Inlet, se vieron envueltas una vez en una nube de humo que venia del Oeste (1).

Finalmente, las lluvias de insectos no son raras en verano, y recuerdo que una vez, estando acampado en las cercanias de *Mawaish*, me ví rodeado subitamente por una nube de *Tribostethus villosus* y *Nyctelias*.

(1) *At home with the Patagonians.*—*London, 1873.*

CAPITULO XI

LOS TEHUELCHES ACTUALES

En mi obra *"Viaje al pais de los Tehuelches"* he dado algunas noticias sobre los indígenas de Patagonia de los cuales me ocuparé en esta ocasion con mas detalles.

Los Patagones, Tehuelches, Cheguelchos ó *Choonkes* como ellos mismos se designan, divídense en Patagones del Norte y Patagones del Sur. Los del Norte habitan la region comprendida entre los rios Chubut y Limay, y los del Sur entre el primero de estos rios y el Estrecho de Magallanes.

Sin embargo, esas dos grandes tribus están muy entreveradas, pero distínguense facilmente por el modo de pronunciar las palabras.

Los que habitan en la parte austral tienen un acento mas áspero que los del Norte, quienes gracias al frecuente contacto con los indios araucanos, han perdido algo de la ruda guturalidad que distingue á los primeros.

La lengua Tehuelche es completamente distinta de la Araucana, pero hay en ella muchas voces tomadas de aquel idioma como *Setreu*, estrella, *Pataca*, cien y *Huaranca* mil, que aunque de orígen quichua la última, parece haber sido adoptada por los araucanos desde tiempos remotos.

En cuanto á la mutabilidad de las palabras, que alguien pretende que se efectúa cuando muere algun indio que se designara á si propio con el nombre de alguna cosa ú órgano del cuerpo humano, etc., es una hipótesis que carece de fundamento.

Si compara el lector las voces recojidas por el caballero Antonio de Pigafetta (1) con los vocabularios de Vidma (2) y algunos viajeros modernos, encontrará palabras idénticas ó lijeramente

---

(1) *Viaggio in torno il mondo*, inserto en la gran obra titulada *Delle navigatione et viaggi*, raccolte da *Batista Ramusio*.

(2) Catálogo de algunas voces de los indios Patagones que frecuentan las inmediaciones de la bahía San Julian, por D. Antonio de Viedma, 1781. (Coleccion de Angelis, Buenos Aires, 1836).

alteradas, cuya significacion es la misma, como lo demuestra el siguiente cuadro:

PALABRAS ESPAÑOLAS	PALABRAS TEHUELCHES SEGUN					
	Pigafetta	Viedma	D'Orbigny	Mösters	Lista
Barba.	Sechon	—	—	—	Sheken
Ojo.	Other	Gótal	Guter	Ötl	Otel
Dientes.	Sor	Cor	Jor	Oër	Orre
Boca.	Chiam	—	Ihum	—	Shaham
Oreja.	Sane	—	Jane	—	Shaa
Nariz.	Or	—	Ho	—	Or
Fuego, humo.	Iacche	Iach	—	Yaik	Ieike
Estrella.	Setreu	—	—	—	Setreu
Cinta, vincha.	—	Cochel	—	—	Cóochele

Se vé pues, que desde el siglo XVI hasta el presente, la lengua Tehuelche ó *Tzoneka*, no ha sufrido ningun cambio notable, y que las pequeñas diferencias que se notan son simplemente el resultado de las condiciones evolutivas á que están sujetas las lenguas orales, ó mas bien consecuencia del modo como los viajeros pronuncian las palabras, segun el oido ó nacionalidad de cada uno.

Los Tehuelches no conocen ningun sistema de escritura, y por desgracia sus tradiciones son muy confusas. Algunos ancianos dicen que en tiempos remotos ellos se contaban por miles, pero que "una agua grande" que cubrió "todas las tierras bajas", habia hecho perecer un gran número, y que los pocos que quedaron se salvaron en las "tierras grandes" como llaman los tehuelches á las montañas en su pintoresco lenguaje.

Esta tradicion es importante, pues que ella se refiere, aunque vagamente, á un gran diluvio que debió destruir en poco tiempo una gran parte de la fauna actual.

En materia de religion á muy pocas observaciones se prestan los Tehuelches, pues carecen de símbolos y de toda clase de ceremonias.

Sin embargo, la costumbre de enterrar los cuerpos en la actitud que tuvieron en el seno maternal, hace presumir que bien pueden creer en el dogma de la resurreccion.

He dicho, además, en el capítulo final de mi *Viaje*, que creen en un Espíritu Maligno nombrado *Walichu*, único causante de todas sus enfermedades y desgracias, y contra el cual se previenen por medio de sortilegios.

El "choonke doctor", emplea para el alivio de las enfermedades ciertos remedios vegetales, particularmente liquenes; pero cuando estos son ineficaces dirije entónces sus esfuerzos al exorcismo del mal espíritu. Con ese objeto se reunen los hombres y mujeres de la tribu y ván donde el enfermo, gritan y golpean el toldo, y en ocasiones saltan á caballo los amigos y parientes de aquel, entregándose luego á una carrera desenfrenada, con lo cual aseguran ellos consiguen alejar al *Walichu*.

La estatura de los indios patagones ha sido durante tres siglos materia de ardiente controversia.

Navegantes y escritores han sostenido las opiniones mas ridículas ó contradictorias, tan solo discupables por la ignorancia y las preocupaciones de los tiempos pasados.

Compare ahora el lector cuanto se ha dicho y redicho sobre la existencia de un pueblo de gigantes en Patagonia.

Pigafetta, el primero que nos habla de los supuestos gigantes, se expresa así: "Ese hombre era tan grande que nuestra cabeza llegaba apenas á su cintura."

En la relacion del viaje de Magallanes, impresa por Oviedo en 1557, cuenta el historiador, hablando de los patagones, que tienen *doce ó trece palmos de alto*.

En la del viaje de Jofre Loaisa (1525-1526) publicada por el mismo Oviedo, se lee lo siguiente: —"Hallaron muchos ranchos y chozas de los patagones, que son hombres de trece palmos de alto, y sus mujeres son de la misma estatura."

En la relacion de la espedicion de Drake, efectuada en 1578, se contradicen por primera vez las exageraciones de Pigafetta y Oviedo.

Argensola, (1) cronista del viage de Sarmiento de Gamboa (1579), considera á los patagones como *gigantes de tres varas de alto*.

(1) *Historia de la conquista de las Molucas.*

En la relacion de los viajes de Cavendish, publicada por Pretty, no se halla ni una sola palabra referente á la estatura de los patagones, aunque el nombrado navegante los vió en Puerto Deseado.

Tan elocuente silencio autoriza á creer, como es natural, que la talla de aquellos no tenia nada de estraordinario, pues á ser de otra manera Cavendish habria hecho alguna mencion.

Ricardo Hawkins (1593) los toma en el concepto de verdaderos gigantes.

Oliveiro de Noort vió en 1599, en Puerto Deseado, *hombres de alta talla.*

El comodoro Byron, que cruzó el estrecho de Magallanes en Diciembre de 1764, con los buques *Dolphin* y *Tamar*, pretende que *los patagones son mas bien gigantes que hombres de alta estatura.*

El capitan Wallis que pasó tambien por el estrecho, en 1767, vió los gigantes de Byron, pero menciona que la mayor parte tenian apenas *cinco piés y seis pulgadas.*

El naturalista D'Orbigny, que tomó algunas medidas antropométricas entre los indios de Rio Negro, les asigna, término medio, 1m. 730 mm.

El esplorador Musters les da 1m. 778.

Hé ahí, en extracto, todo lo que se ha escrito á propósito de la estatura de los indios Patagones ó Tehuelches. Los dos últimos autores son los que mas se acercan á la verdad.

Siete Tehuelches que he medido personalmente me han dado un promedio de 1m. 854. La altura máxima por mi observada alcanza á 1 m. 880. Es la del indio Hauke, mencionado en el *Viage al pais de los Tehuelches*.

El cacique Orkeke mide cerca de 1m. 800.

Las mujeres son mas bajas que los hombres, pero no puedo señalar la diferencia en números, porque ninguna se dejó medir.

Los Tehuelches son, pues, los hombres mas altos del globo, con frecuencia membrudos y de piés relativamente pequeños. Tienen gruesa la cabeza, el pelo negro y largo, los ojos negros, grandes y á veces oblícuos como entre los Chinos y los Kassequers; la cara oval, frente convexa, nariz aguileña, boca grande y lábios gruesos.

En los indios sin mezcla de sangre europea, no es raro ver los dientes incisivos gastados hasta la raíz por la masticacion, pero casi nunca cariados. Este es sin duda alguna uno de los caracteres étnicos mas dignos de estudio, siendo particular á casi todas las razas indígenas americanas. Lo he observado en los cráneos Minuanes, Puelches y Tehuelches prehistóricos de mis colecciones antropológicas.

El fenómeno enunciado ha llamado la atencion de muchos sábios, que no atinan á esplicárselo de una manera racional y convincente. El distinguido Dr. Lacerda, se expresa al respecto con las siguientes palabras:—"Un hecho no menos digno de estudio, cuando se considera el estado de perfeccion de los dientes de las razas indígenas del Brasil, es la rareza de la cárie. No pudiendo esplicarla por la naturaleza ó calidad de la alimentacion, parécenos tanto mas estraordinario este hecho, cuanto es lógico que la destruccion parcial de las capas de esmalte, debia predisponer á los dientes para que sufriesen esa enfermedad. Entre todos los cráneos que forman la coleccion de nuestro Museo, solo en uno hemos visto los estragos de la cárie, la cual habia producido la perforacion de los incisivos." (1)

Por lo que toca al color, he notado que varía mucho. Los indios de raza pura tienen un tinte oscuro-olivado que parece acentuarse con los años.

En los mestizos se observa un color mas claro y hasta europeo, como he podido notarlo en un

---

(1) Contribuições para o estudo anthropologico das raças indigenas do Brazil (Archivos do Museo Nacional do Rio Janeiro, 4.º trimestre 1876.)

cacique llamado Coomchingan, que se dice hijo de india y de un vecino del Cármen de Patagones.

Coomchingam mide de estatura cerca de seis piés y se enorgullece de poseer un cortísimo bigote de que carecen los demas indios, quienes solo tienen en el lábio superior una vellosidad insignificante.

El trage de los hombres se compone de *chiripá* de algodon ó de paño, una capa de pieles de guanaco, y en ocasiones camisa y calzoncillos que compran en Punta Arenas ó en el Cármen de Patagones. Usan tambien tiradores con adornos de plata, *vincha* y botas de cuero de potro.

Las mujeres visten comunmente una especie de camisa de zaraza ó de lienzo, sin mangas, que las cubre de los hombros al tobillo, y sobre la cual llevan en toda estacion capa de pieles ó de tela de lana, que las *chinas* ricas sugetan sobre el pecho con un alfiler de plata (Azerre) de diez á doce centímetros de largo.

Los demas objetos de adorno que completan el trage femenino consisten en vistosos abalorios, sombreros de paja y pendientes de plata, que usan tambien los hombres y muchachos.

Los dos sexos se pintan la cara (Keesh) y los brazos con distintos ocres, particularmente el rojo, que lo sacan de San Julian y de un paraje inmediato al campamento llamado *Shehuen-aiken*.

El ocre negro es tambien muy usual entre los indios quienes dicen garante mejor el cútis contra los rayos del sol y la sequedad del aire, pero como es menos abundante emplean con mas frecuencia el rojo.

Tanto los hombres como las mugeres son grandes fumadores, y ellos mismos hacen las pipas que llenan despues con tabaco y palo picado.

Las pipas son de madera ó de piedra, y llevan por lo comun tubos de plata ó de cobre.

Aunque indolentes, los Tehuelches son grandes cazadores y poseen numerosas jaurias de semigalgos, cuya utilidad es tan apreciada, que por un perro jóven y ligero suelen pagar hasta sesenta pesos fuertes, ya sea en metálico ó en artículos estimados como la pluma y los *Kais* (1).

Cuando los indios no están ocupados en cazar ó domar caballos, pasan el tiempo echados de barriga ó haciendo recados, boleadoras, rebenques y espuelas de madera dura.

Como ya he descrito en mi *Viaje* la fisonomia exterior de los toldos, solo diré aquí algunas palabras sobre los muebles y utensilios de cocina que constituyen el ajuar de esas habitaciones ambulantes.

En primer lugar, figuran algunos cueros y almohadones hechos con chiripaes viejos rellenados con trapos y lana de guanacos.

Los demas objetos se limitan á una gran olla de fierro (Katenehue), pavas y asadores del mismo metal, cuchillos y cucharas, algunos platos de madera y tarritos de lata que sirven para guardar las pinturas.

(1) Mantas de pieles de guanaco, de zorrino ó de liebre.

Cada *tolderia* ó grupo de toldos, es presidida casi siempre por un Cacique (Corrge), cuyo poder autoritario está basado en sus méritos personales ó en el número de parientes que le prestan *main forte*. El Corrge es por lo general el hombre mas rico y mas "letrado." Es él quien dirije las cacerias, designando de antemano el campo para la corrida y señalando á cada cazador el puesto que considera conveniente.

Todos los caciques que conozco practican la poligamia, y en esto se distinguen de los demas indios que solo tienen una mujer.

La primera menstruacion de las jóvenes (Enake) es objeto de fiesta entre los indios, y esta suele durar varios dias consecutivos. En ella se baila al resplandor de la hoguera que arde en el centro del toldo, ó se hacen grandes libaciones á Baco.

La alimentacion de los Tehuelches es puramente animal, pero comen de vez en cuando gran cantidad de fariña y de arroz que obtienen de los cristianos en cambio de pieles y pluma.

La carne gorda, y principalmente la de avestruz, es para ellos el bocado mas delicioso. Comenla asada las mas de las veces, pero suelen preparar tambien, con pequeños trozos, un plato *sui generis*, que se parece á guisado y de olor tan nauseabundo, que se precisa ser valiente en grado heróico para gustar de él.

Independientemente del agua, beben los Tehuelches aguardiente mezclado con esta y esencia de anís; y de Enero á Febrero preparan con el jugo de las frutas del calafate una bebida refrescante y agradable al paladar.

Consignadas estas observaciones capitales, solo me resta agregar que entre los Tehuelches la hospitalidad es una virtud, y que el viajero encontrará siempre en ellos corazones sencillos y leales.

Voces tehuelches omitidas en el Apéndice de mi obra anterior.

Avestruz............	*Megeush*
Ayer...............	*Uaskenesh*
Aguardiente.........	*Goordente*
Armas de fuego......	*Aleune*
Alfiler de plata......	*Azerre*
Barba..............	*Sheken*
Bueno..............	*Yenick*
Barro...............	*Set-ken*
Botella.............	*Ootre*
Cerco..............	*Maal*
Caballo.............	*Cahual*
Cuna...............	*Ta'al*
Casamiento	*Koyenk*

Campamento, paradero.	*Aiken*
Cacique...............	*Corrge*
Escupir...............	*Jeke*
Espejo................	*Ker-sor*
Estrella..............	*Setreu*
Frio..................	*Kokojech*
Flecha................	*Arekechul*
Fuego............ Humo.............	*Yeike*
Guanaco..............	*Nau ó rou*
Galleta...............	*Galet*
Junco.................	*Corpen*
Lanza.................	*Uaiken*
Malo..................	*Terro*
Manantial............	*Chiin*
Menstruacion.........	*Enake*
Noche................	*Tersineken*
Olla..................	*Katenehue*
Oveja.................	*Ovejia*
Pintarse.............	*Keesh*
Pantano..............	*Coyo*
Para espantar un perro	*Hualo, hualo*
Pescado..............	*Oien*
Pulmones de avestruz.	*Gultak*
Pipa..................	*Anewe ó Kánganau*
Rio...................	*Koon*
Roca, piedra.........	*Ay ó air*

Sal................... *Jeechem*
Sombrero............ *Kot*
Sangre............... *Ichau*
Vidrio............... *Knoln*
Verano............... *Torr*
Viento............... *Kosken*

CAPITULO XII

LOS TEHUELCHES PRIMITIVOS

PRIMERAS NOTICIAS SOBRE LOS HABITANTES DE PATAGONIA

Despues de haber ensayado la descripcion etnográfica de los Tehuelches actuales, creo conveniente traer á tela de juicio algo de lo que han escrito otros autores sobre los habitantes de nuestras tierras australes patagónicas.

Antonio de Pigafetta, compañero y cronista de Magallanes, es el primer hombre que nos dá algunas noticias sobre los indígenas de Patagonia. Una larga permanencia, de la escuadra de Magallanes en Puerto San Julian, permitió á los espedicionarios comunicar con los salvajes, aquienes dice Pigafetta,—"Il Capitano generale chiamó Patagoni."

Este mismo cronista nos habla con marcado asombro de la estatura gigantesca de los indios los cuales iban cubiertos con pieles de un animal *con cabeza y ojos de mula, cuerpo y pescuezo de camello, piernas de ciervo y cola de caballo.* (1)

Menciona tambien que uno de los Patagones "haueua in mano un arco grosso, corto, la corda del qual era fatta di nerui del detto animale, un fascio difreccie molte lughe di canna, impennate como le nostre, é nella punta en cambio di ferro haueuano una pietra aguzza, della sorte de quelle que fanno fuoco."

Es indudable que las puntas de flechas que describe Pigafetta, son las que en el dia se recojen por centenares en los valles de Santa Cruz y Rio Negro.

En aquella época vivian los Patagones en chozas hechas con pieles de guanacos y semejantes á los toldos que usan ahora los Tehuelches.

La prueba mas fehaciente es el siguiente párrafo:—"Non hanno casa ferma, ma fanno con le pelli dette á modo d'una capanna, con la quale vanno hora in un luego hora in un altro." (2).

Lo que acaba de leerse, puede aplicarse sin vacilar á los Tehuelches actuales, tribus viajeras, que nunca permanecen un mes en el mismo campamento, á no ser que algun invierno prematuro los asedie con sus nieves, como me consta que sucedió en Coy-Inlet, ahora cuatro inviernos. Los indios del cacique Papon, se hallaban acampados en *Uajen-aiken,* disponiéndose á marchar para la

(1) El guanaco.
(2) Pigafetta.

costa del Estrecho, donde suelen pasar el invierno, cuando de improviso comenzó á caer nieve que en pocas horas cubrió el suelo, á tal punto, que solo se veia una que otra blanqueada mata de calafate.

Aunque contrariados, los indios tuvieron que aguantarse allí hasta que los primeros calores deshicieron la nieve congelada.

Durante el tiempo que estuvieron en *Uajen-aiken* se alimentaron con yeguas y caballos, pues á muchas leguas á la redonda, no habia ningun guanaco ni avestruz que cazar. Todos los animales habian huido hácia la costa del mar en busca de un suelo menos inclemente.

Perdone el lector esta digresion y pasemos adelante.

Despues de Magallanes otros navegantes visitaron las costas de Patagonia, pero ninguno se ocupa de los usos y costumbres de sus habitantes.

Jofre de Loaisa, Alcazaba, Drake, y Sarmiento de Gamboa, nos hablan solamente de la colosal estatura de los Patagones.

Desde 1580, en que el último marino los vió usando flechas, nadie vuelve á hacer mencion de sus armas hasta 1753, que fueron vistos por la tripulacion del bergantin *San Martin* (alias la tartana San Antonio) en el segundo viage que hizo ese buque desde el puerto de Montevideo al de San Julian.

Sus tripulantes se hallaron "á los siete dias de haber llegado á San Julian, andando ocho hombres en solicitud de agua, con 150 indios á caballo" que "no tenian otras armas que bolas, y de los arcos de los barriles que quedaron del viage anterior, habian hecho cuchillos y sables" (1).

Todas estas noticias y la comparacion de los vocabularios de Pigafetta, Viedma, D'Orbigny, Musters, etc., demuestran á todas luces la perfecta identidad de los Patagones del siglo XVI y los Tehuelches descritos en el capítulo anterior.

Partiendo de este principio, no trepido en asegurar que los cráneos, armas y utensilios de piedra del Rio Negro, Santa Cruz, Rio Chico y Puerto Deseado, pertenecen á los Tehuelches vistos por Magallanes en la Bahia de San Julian.

CRÁNEOS Y OBJETOS DE PIEDRA DEL RIO NEGRO

El primer descubrimiento de armas y utensilios de piedra en nuestras tierras australes se debe á los hermanos Nodal, (2) que llevaron de ellas á España, en 1620, "las flechas, cuchillos de pedernales y sartas de caracolillos del mar", que habian recojido durante el viaje.

El profesor Pellegrino Strobel, distinguido arqueólogo italiano, visitó y estudió en 1866, en Rio Negro, varios cementerios y paraderos de los antigüos Tehuelches.

En unos y otros recojió el Sr. Strobel, un buen

---
(1) Viage del *San Martin* (Coleccion de Angelis).

(2) Relacion del viaje que por órden de su Magestad, hicieron los capitanes Bartolomé y Gonzalo de Nodal, al descubrimiento del estrecho nuevo de San Vicente. Reimpreso en Cadiz por Don Manuel Espinosa delos Monteros.

número de armas é instrumentos de piedra, cuyas descripciones encontrará el lector en las *Actas* de la Sociedad Italiana de Historia Natural [vol. X, Milan, 1867] y en los cuadernos que llevan por título: *Materiali di palaetnologia comparata, racolti in Sud-América, Parma* 1868.

El esplorador Musters menciona la existencia de un cementerio en una estancia, cerca de la *Guardia Chica*, en Rio Negro, en el cual, dice, encontró algunas puntas de flechas. (1).

El Dr. Burmeister [2] ha descrito tambien distintos tipos de flechas coleccionadas en los mismos parajes por el jóven naturalista argentino, Fontana.

Mas recientemente, el Sr. D. Francisco P. Moreno ha publicado una relacion sustancial de los numerosos cráneos y objetos de piedra provenientes de la márgen derecha del Rio Negro.

Aunque incompleto el trabajo del Sr. Moreno, él hace honor á su jóven autor y al Sr. D. Manuel Cruzado, vecino del pueblo de Mercedes de Patagones, que contribuyó poderosamente á la formacion del Museo antropológico de nuestro compatriota.

Podria citar otras noticias sobre objetos arqueológicos del valle del Rio Negro, pero como han sido suscritas por personas que no revisten ningun carácter científico, prescindíré de ellas, dando principio desde luego á la enumeracion de

---

(1) Musters *At home with the Patagonians*, pág. 318, Lóndres 1873.
(2) Boletin de la Sociedad de antropologia de Berlin, Junio de 1872.

los objetos por mí coleccionados en los terrenos medanosos de las inmediaciones del pueblo de Mercedes de Patagones, y que conservo en mi poder desde principios del año pasado.

En el mes de Enero del año 1878, yendo á bordo de la cañonera "Paraná," que se dirijía al puerto de Santa Cruz, desembarqué accidentalmente en el valle del Rio Negro.

En una de las muchas escursiones que hice al Sur del rio, durante el tiempo que la cañonera estuvo fondeada entre Mercedes y el Cármen de Patagones, visité algunos cementerios, que por desgracia habian sido removidos dos años antes por gauchos á quienes el Sr. Cruzado habia encargado la exhumacion de huesos humanos.

Por tal motivo, no pude encontrar mas que tres cráneos, en regular estado de conservacion, pero deformados artificialmente y que al primer golpe de vista, como dice el Dr. Topinard, (1) se tomarian por cráneos Esquimales.

En efecto, unos y otros presentan caracteres símiles, tales como la estreches de la frente y del intérvalo orbitario y el gastamiento horizontal de los dientes.

El índice cefálico de los tres cráneos de mi co-

---

(1) L'anthropologie par le Dr. Paul Topinard, Paris 1877.

LA PATAGONIA AUSTRAL

Lit. A. Pech. Bolívar 76

CRÁNEO TEHUELCHE (RIO NEGRO)

leccion es de 73.32. El mas completo, cuyo dibujo acompaño, es algo menos dolicocéfalo que los otros y tiene la arcada superciliar mucho mas pronunciada.

Los objetos de piedra provenientes del Rio Negro son:

1° Diez puntas de flechas de silex, talladas con una perfeccion admirable.

Todas ellas tienen pedúnculo y pertenecen al tipo de la figura número 1.

Fig. 1 (Tamaño natural)

2° Dos cuchillos de silex tallados de un solo golpe (figura 2.)

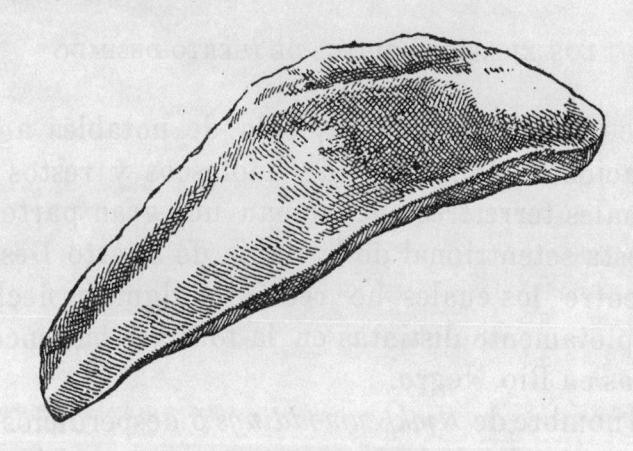

Fig. 2 (Tamaño natural)

3° Un gran mortero circular que mide 98 centímetros de circunferencia, 11 de altura y 7 de cavidad, como asi mismo su correspondiente majadero de 25 centímetros de largo.

4º Trozos de *grés* pulimentados y circulares, de 36 á 38 centímetros de circunferencia.

Estas piedras han servido problablemente para moler raices ó semillas, lo cual es muy aceptable si se tiene en vista la declaracion de una india pampa con quien comunicaron los españoles de la espedicion enviada de Montevideo á la Bahia Sin Fondo (1).

Esa india dijo que los indios del Rio Negro *molian unas semillas entre dos piedras*.

5º Bolas arrojadizas en *grés*, pórfiro y diorita, semejantes á las que usan los Tehuelches actuales, pero algo mas grandes y con cinturas destinadas á atar la tira de cuero que se empleaba para arrojarlas.

LOS KJOKKENMODDINGS DE PUERTO DESEADO

He hablado en otro capítulo de notables aglomeraciones de valvas de moluscos y restos de animales terrestres que ocupan una gran parte de la costa setentrional de la Bahia de Puerto Deseado, entre los cuales he recojido algunas flechas completamente distintas en la forma á las encontradas en Rio Negro.

El nombre de *Kjokkenmoddings* ó desperdicios de cocina, que he dado á esos montones conchíferos, creo que es el que mejor les cuadra, atento á lo mucho que se asemejan á los grandes depósitos de Dinamarca.

(1) Véase *Espedicion á la Bahia Sin Fondo en 1778, por D. Juan de la Piedra* (C. Angelis).

Los Kjokkenmoddings de Puerto Deseado se componen casi esclusivamente de valvas enteras y fracturadas de *Mytilus magellanicus* y *M. chilensis*, especies que viven aun en la playa vecina.

Examinando mas atentamente los montones mas distantes de la costa, no es difícil ver otros moluscos bivalvos, del género *Venus*.

Apesar de escrupulosas investigaciones no he podido hallar restos de moluscos impropios para la alimentacion, ni tampoco ejemplares jóvenes.

Así pues, los depósitos de Puerto Deseado no han sido fomados por la accion de las aguas marinas, sinó casualmente, por los Tehuelches primitivos, (1) que aun despues de la propagacion del caballo en Patagonia, habitaban en las orillas del mar hácia el lado del Rio Negro, como lo dice el Padre José Cardiel en el "Diario" de su espedicion (2).

En cuanto á las armas y útiles de piedra, creo que son muy abundantes y espero poder formar una buena coleccion en el próximo viaje que emprenderé hasta ese puerto.

Rejistrando superficialmente los Kjokkenmoddings extraje algunas flechas, un punzon y un gran número de pedazos de silex, cuarzo y obsidiana tallados á pequeños golpes, que indudablemente servirian como rascadores, cuchillos, etc.

Tambien saqué algunos huesos de guanacos y

---

(1) En la *Relacion* del viaje de los Nodal, se lee lo que sigue referente á los Patagones de la costa boreal del Estrecho de Magallanes: "Y hallamos las cabañas en que habian estado y muchas cáscaras de mariscos mejillones."

(2) *Coleccion de Angelis.*

de zorros. Los primeros estaban rotos y lijeramente carbonizados.

Las flechas pertenecen á dos tipos distintos; unas tienen pedúnculo (fig. 3) y carecen de él las otras (fig. 4); pero todas están trabajadas á pequeños golpes y con un esmero y finura tales, que hace que no tengan rivales en otra parte del mundo.

Fig. 3 (Tamaño natural) 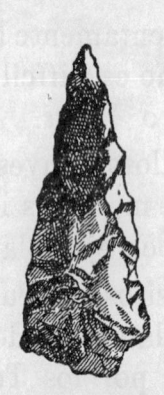   Fig. 4 (Tamaño natural)

El punzon es de silex veteado, tallado de un solo golpe (fig. 5)

ANTIGÜEDADES DEL RIO CHICO

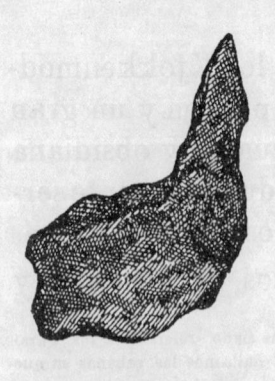

Los terrenos inmediatos al lugar en donde el Rio Chico se engrosa con las aguas del Shehuen, son muy ricos en piedras, talladas quizá por las mismas toscas manos de los indios vistos por Magallanes en puerto San Julian.

Fig. 5 (Tamaño natural)

Algo mas al Este, en un paradero llamado *Ko-oing* por los indios del viejo cacique Gunelto, y "Manantiales" por el autor de este trabajo, no es sorprendente descubrir á cada paso, al pié de los raquíticos calafates que crecen en las cercanías de algunos pozos de agua surgente, algun fragmento informe de silex ó una que otra preciosa flecha tallada, de esa ó distinta piedra.

Remontando el Rio Chico por su márgen izquierda, desde *Korpe-aiken*, pasando por *Chunque-aiken*, hasta cerca de *Ay-aiken*, hallanse de vez en cuando lindas flechas y rascadores cuyas formas varian con frecuencia.

Sobre la misma meseta volcánica de *Chunque-aiken*, se ven trozos de silex, y en mi primer viaje á ese punto, encontré una punta de flecha de cuarzo litóideo, que algun audaz cazador arrojó á la carrera sobre el codiciado guanaco, que gracias á su rápido andar burló la destreza del Nemrod tehuelche.

Este lindo spécimen está toscamente tallado en sus dos caras; carece de pedúnculo; mide 5 centimetros de largo y su forma es triangular.

Los demas objetos que conservo en mi poder provienen en su mayor parte de la confluencia del Shehuen.

De ese paraje mencionaré doce flechas, cinco bolas arrojadizas y diez rascadores. La mitad de las flechas son completamente idénticas á las figuradas en la página 66 de mi *Viaje*, que fueron encontradas á pocas millas al Oeste de *Mawaish*. Las restantes son verdaderas *armas de guerra* y tienen las puntas y los bordes mas cortantes que las otras,

Fig. 6 (Tamaño natural)

pero todas están talladas á pequeños golpes.

Hallé la mas grande de las últimas (figura 6) con pedazos de silex y un rascador de cuarzo.

Las bolas arrojadizas son completamente esféricas, y las hay en pórfiro *grés*, cuarzo y diorita.

Los rascadores presentan distintas formas, pero domina el tipo triangular.

En cuanto á las piedras trabajadas, procedentes de *Kooing*, solo puedo mencionar cuatro flechas del tipo de la figura 3, cinco rascadores y una bola arrojadiza, la mas grande de mi coleccion (figura 7), que fué estraida del fondo de uno de los manantiales de *Kooing*.

Su forma es casi esférica, y está cubierta de una capa blanquisca, que creo sea carbonato de cal, sustancia observada en todos los manantiales del precitado paradero.

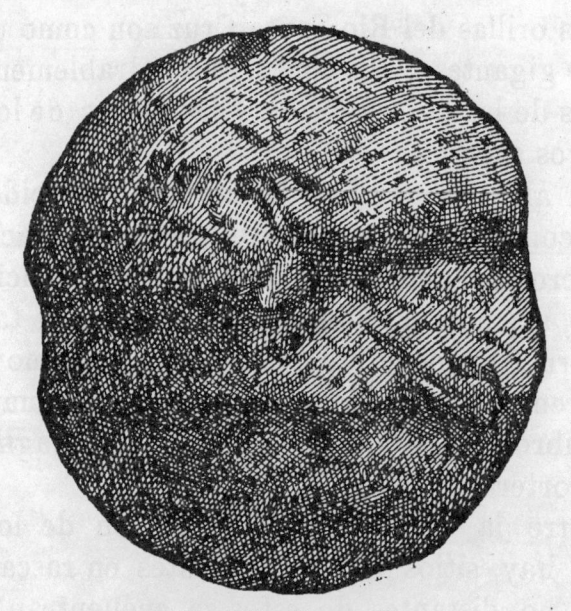

Fig. 7 (Tamaño natural)

PARADEROS Y CAMPOS DE PELEA DEL RIO SANTA CRUZ

Antes de la propagacion del caballo en Patagonia, es de suponer que los Tehuelches habitarian casi constantemente en la costa del Océano ó en las márgenes de los rios que se arrojan en él. En estas y en aquella, los medios de subsistencia eran y aun son mas numerosos y estables que en otros lugares, pues cuando la caza de aves y cuadrúpedos es poco provechosa queda, sin embargo, el recurso de la pesca, y aun faltando esta, puedese calmar el hambre con los gustosos mariscos y los huevos de pengüines, gaviotas, avutardas, etc.

Hé ahí la razon de que los vestigios de la **Edad de la Piedra** de Patagonia, sean mas numerosos en las márgenes de los rios y en las costa del mar.

Las orillas del Rio Santa Cruz son como un archivo gigantesco que conserva admirablemente los restos de las faunas fósiles y las armas de los primitivos salvajes.

En algunos parajes de ese rio conocidos por "Rincon de los Zorros", "Rincon de los Machos" y "Chicrook-aiken," se hallan en la superficie del suelo, sin ninguna dificultad, pedernales tallados en forma de flechas y rascadores, y removiendo la arena, depositada al pié de algunas matas, se descubren bolas arrojadizas y hasta fragmentos de morteros.

Entre la isla Pavon y el Rincon de los Machos hay sitios muy abundantes en rascadores, pero no distantes de estos se encuentran otros en donde abundan las flechas y faltan los rascadores.

Los primeros son simplemente *paraderos* ó campamentos antigüos, y los segundos *campos de pelea*.

La prueba mas convincente de lo que dejo apuntado, se deduce de la manera ó distribucion en que se encuentran los objetos mencionados.

Los paraderos están muy próximos al rio y en ellos las armas de piedra ocupan siempre apiñadas, una pequeña superficie, mientras que en los *campos de pelea* están muy diseminadas y circunscritas á una superficie mas considerable.

Ahora bien, en unos y otros he recojido cerca de

noventa flechas, veinte rascadores, quince bolas arrojadizas, cinco cuchillos y numerosos fragmentos de morteros.

Todas las flechas tienen pedúnculo y pertenecen en casi su totalidad á los tipos que representan las figuras 1, 3 y 6.

La figura 8 representa un tipo de flecha distinto, pero es muy escaso. Es de cuarzo y ha sido trabajado en ambas fases, á pequeños golpes.

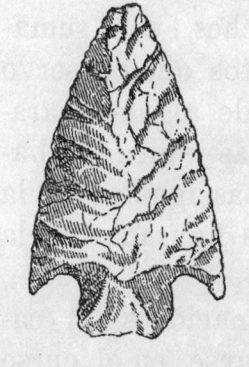

Fig. 8 (Tamaño natural)

Mucho de los rascadores tienen una forma igual ó parecida á la figura 9; pero los hay tambien que pertenecen al tipo triangular.

En cuanto á los demas objetos, solo mencionaré un cuchillo de obsidiana, largo de 8 centímetros é idéntico al representado en la página 67 de la traduccion española de la obra titulada: *El hombre fósil en Europa,* por el señor Le Hon (1).

Fig. 9 (Tamaño natural)

(1) Madrid 1872.

EL HOMBRE PRIMITIVO DEL RIO GALLEGOS

Los vestigios dejados en el valle del Rio Gallegos, por los aborígenes Tehuelches, son sumamente escasos. Los únicos objetos que conservo en mis colecciones, procedentes de algunos parajes de ese valle, son dos diminutas y bien trabajadas flechas de obsideana, ambas iguales en la forma á la mas pequeña de las figuradas en la pájina 66 de mi *Viaje*,

Si he de dar crédito á las afirmaciones del cacique Papon y otros indios, hállanse en el curso inferior del mismo rio, muchas cuevas pintadas, quizá habitaciones de una raza vencida por las tribus Tehuelches, y que el tiempo, destructor implacable, ha convertido en tenebrosas guaridas de fieras.

Papon me dijo repetidas veces, que él habia visitado una de las mencionadas cuevas, y que en (el fondo de ella vió "muchas piedras coloradas" probablemente trozos de sílex) y una mas linda que las otras que parecia *Arekechul* (flecha).

ÍNDICE

Dedicatoria..		III
Prólogo...		V
Capítulo I—Division geográfica del pais patagónico—Viajes y esploraciones en la Patagonia Austral...............		3
Capítulo II—Aspecto general de las tierras australes de Patagonia Sistema hidrográfico—Orografía..................		11
Capítulo III—Punta Arenas—Depósitos auríferos—Los bosques antárticos..		21
Capítulo IV—La Tierra del Fuego..............................		27
Capítulo V—El istmo de Brunswick.—Las mesetas Tehuelches....		31
Capítulo VI—San Julian.—Puerto Deseado......................		39
Capítulo VII—El Rio Chico y sus afluentes......................		47
Capítulo VIII—Breves consideraciones sobre la fauna austral........		55
Capítulo IX—Los vejetacion austral............................		61
Capítulo X—Observaciones meteorológicas.....................		67
Capítulo XI—Los Tehuelches actuales..........................		73
Capítulo XII—Los Tehuelches primitivos........................		87

NOTAS

En la página 38, al hablar de los moluscos que caracterizan [lo]s terrenos terciarios patagónicos, he olvidado citar en primera [lí]nea la "Ostrea patagónica".

Dejo al buen sentido del lector la correccion de los errores de [le]tras que se notan en este libro.

ERRATA NOTABLE

En la página 89, donde dice: "desde el puerto de Montevideo", [d]ebe decir: "desde el puerto de Buenos Aires."

La presente edición facsimilar ha sido realizada en papel obra de 70 gramos, con aplicación de un fondo grisado para lograr similitud con los tonos que resultan del envejecimiento del original impreso en el siglo pasado.
Se han utilizado técnicas de digitalización de imágenes reproducidas en papel vegetal y películas fotográficas.
Las tapas fueron impresas en cartulina de 300 gramos y la encuadernación es en rústica cosida a hilo.

Esta obra se terminó de imprimir en septiembre de 1999 en los talleres gráficos de New Press Grupo Impresor S.A. Paraguay 264, Avellaneda - Provincia de Buenos Aires, Argentina.